TEACHER
EDUCATION

全国百所高校规划教材
教师教育精品教材

教师礼仪与修养

JIAOSHI LIYI YU XIUYANG

郭 华 主 编

北京师范大学出版集团
BEIJING NORMAL UNIVERSITY PUBLISHING GROUP
北京师范大学出版社

图书在版编目（CIP）数据

教师礼仪与修养／郭华主编. —北京：北京师范大学出版社，
2015.8（2025.8重印）
ISBN 978-7-303-18332-6

Ⅰ. ①教… Ⅱ. ①郭… Ⅲ. ①教师—礼仪—师范大学—教材
Ⅳ. ①G451.6

中国版本图书馆CIP数据核字（2014）第310932号

JIAOSHI LIYI YU XIUYANG
出版发行：北京师范大学出版社 https://www.bnupg.com
　　　　　北京市西城区新街口外大街12-3号
　　　　　邮政编码：100088
印　　刷：北京虎彩文化传播有限公司
经　　销：全国新华书店
开　　本：787mm×1092 mm　1/16
印　　张：12.5
字　　数：247千字
版　　次：2015 年 8 月第 1 版
印　　次：2025 年 8 月第 13 次印刷
定　　价：32.00 元

策划编辑：王建虹　　　　　责任编辑：陈佳宵
美术编辑：李向昕　　　　　装帧设计：焦　丽　锋尚设计
责任校对：陈　民　　　　　责任印制：马　洁

全书栏目

简要目录： 一个层级的简要目录让你一眼览尽全书的章目要点。

详细目录： 三个层级的详细目录为你提供更具体的页码索引，并展现作者阐释每个章节的角度。

关键术语表

第1章		
礼仪	Etiquette	即做礼仪行为的言谈行为方式，通常表现在仪表、仪表、仪式等方面。
修养	Civilization	是个人在自然和修养活动中逐渐形成的内在品格与自我提升的能力。
礼貌	Courtesy	礼貌和礼仪一样，也是由人际关系中产生的，是我们对待他人的尊敬态度而形出的相应的言语与行为。
禁忌	Taboo	是人们为了避免某种情感的或趋势力为最危险事物所带来的灾难，从而对某种人、物、言、行的限制或加以自我设置。
教养	Cultured	教养泰达的是个人背后的家庭或其他教育力量的结果。

第2章		
教师形象	Image of Teachers	教师形象是社会对教育角色的整体期待，以及教师自身角色行为的外化与表征，是一定历史条件和社会文化背景下，人们对于教师这一职业的期待、特点、行为所形成的一种较为稳固而概括的总体评价与集体印象。既反映出教师职业的固有神任和本性，也具有一定的文化性和时代性。
师道尊严	Dignity of Teachers	出自《礼记·学记》"凡学之道，严师为难。师严然后道尊。"原意是指走得受到尊敬，他所传授的道理、知识、技能才被得到尊重。师道尊严是中国传统文化中师严道尊的一个基本表达，是维护传统教师形象的一个本质理念。

第3章		
重要他人	Significant Others	是社会学和心理学研究中的概念，指在个体社会化以及心理人格形成过程中具有重要影响的具体人物。根据影响机制，重要他人又可分为偶像型重要他人和互动型重要他人，单向度影响为偶像或重要他人，双向相互影响为互动式重要他人。

关键术语表： 对全书的关键术语做一个整体呈现，并配上英文和解释。

章前栏目

本章概述： 学习每章之前，先了解一下它的内容概要。

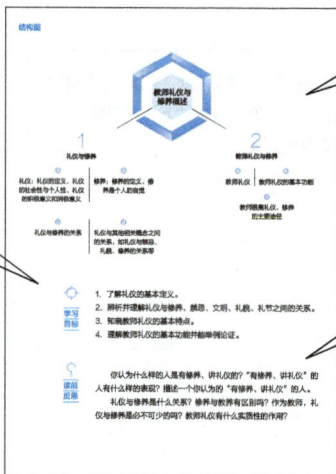

章结构图： 这张"地图"助你在第一时间把握本章知识结构。

章学习目标： 清楚了解目标，学习才能更高效。

读前反思： 反思的问题将带你进入新的知识探索领域。

章内栏目

节学习目标： 完成节学习目标，才能实现章学习目标，直至掌握全书内容。

流动的定义： 突出呈现的定义方便你一眼看到它。

名家语录： 这里有教育家、哲学家、思想家……听一听他们的真知灼见吧。

案例： 丰富的案例助你更好地掌握理论，并在实践中灵活运用。

章后栏目

本章小结： 它概述了本章的重要知识点，为你的复习和回顾提供方便。

章节链接： 知识之间是有联系的，章节链接为你提供了这种指引，它能让你的知识更加融会贯通。

关键术语： 为你提供了本章的关键术语，包括它的英文名称。

批判性思考： 这里，会以提问的方式引导你进一步思考。

体验练习： 练习能深化你对知识的学习，并助你查漏补缺。

案例研究： 有具体情境的案例会让你的所学与现实结合更紧密。

教学一线纪事： 在这里，你可以提前了解真实的课堂。

补充读物： 它为你的学习提供了更广阔的阅读空间。

在线学习资源： 扫一扫二维码，你就可以轻松浏览为你精心准备的在线学习资料。

简要目录

导　论

第一章　教师礼仪与修养概述

第二章　历史文化脉络中的教师形象及其内涵

近些年来，教师专业发展受到越来越多的关注，但许多人对专业的理解却非常狭窄，大多局限于开展教育教学活动所需的专业知识及专业技能。当然也有人关注到了教师的专业精神及专业态度，却很少关注承载及发挥这些知识技能的教师的自身修养，似乎这些知识和技能无论什么样的人掌握了都可以发挥出应有的作用。在这样的背景下，各种奇怪现象的出现也就不难理解了。例如，一名教师体罚学生，竟然被其他教师认为是"为了学生好"，只是"严厉了一点儿"；衣着不当、不修边幅的男教师，被认为是"不拘小节"、有"内在魅力"；对学生家长横眉冷对、硬言冷语，被认为是有原则、负责任，等等，不一而足。我们认为，教师的专业发展，不能仅局限于教学知识与技能的发展，而应该定位于作为学生生活的参与者与引领者的全面发展。有专业知识和专业技能的人未必都能做教师，尤其不一定都是好教师；而教师，尤其是好的教师，必然是有品格、有修养，在言行举止等各方面能成为学生榜样的人。在这个意义上，关注教师的礼仪与修养就成为必须。

一、《教师礼仪与修养》课程的性质与目的

《教师礼仪与修养》是每一位师范生都应该学习的基础课程。

设置这门课程的目的，主要并不在于使学生获得关于教师礼仪与修养的知识，而在于引导学生去体会、领悟并努力培养合格教师所应有的品格、修养及言行举止。在这个意义上，这是一门实用性、操作性很强的课程。

这门课程也不能使学生获得从事教学活动所需的学科知识，而旨在帮助学生意识到学科知识要以审美的、道德的、教育性的方式来展现，引导学生深刻认识教师职业的审美的、道德的即教育性特征，从而内化教师职业规范，自觉成长为一名合格的教师。在这个意义上，它又是一门道德性的课程。

这门课程的主要目的是要使学生理解为什么教师需要这样的礼仪，礼仪从何而来，礼仪在教育、教学过程中的意义与价值，从而能够真正认同教师职业、内化教师职业规范、自觉提升自己的职业修养。在这个意义上，这又是一门基础的、说理性的课程。

二、《教师礼仪与修养》的意义及重要性

礼仪是社会生活的重要内容，它规范着人们的行为，调节着人与人之间的关系，在社会生活中扮演着重要的角色。礼仪教育也始终贯穿人们的日常生活，是教育活动的重要组成部分。在专门教育出现以前，生活经验是教育的重要内容，而生活经验的重要组成部分便是生活中的各种礼仪、禁忌。衣食住行都有相应的礼仪，"一开口一抬腿"都能看出是否符合礼仪的要求。例如，筷子不能垂直插入饭碗，衣服不能反穿，问路要客气有礼貌，等等。"入乡随俗""入国问俗"的"俗"，就是指礼仪规范，"入乡"而不能"随俗"，便格格不入，很难在当地生活下去。因而，礼仪教育一直备受重视。

中国是一个礼仪大国，很早就有关于礼仪的系统记载。《论语·乡党》所记录的孔子的容色言动、衣食住行就是非常典型的礼仪教育的范本。在《乡党》篇中，只"不食"就有九处，非常讲究。虽然现代人已难做到如此精致，但在对他人的态度、个人的行为方面却应有最基本的原则。《左传·哀公五年》记载的子路"结缨而死"的故事就是讲求礼仪的典范。子路说"君子死，冠不免"，即使是死了，帽子也要戴得端端正正，不能马虎。子路的"结缨而死"之所以被后人传颂，也缘于人们对礼仪之于人格修养的重要性的认识。

西方比较早地记载礼仪教育的著作是伊拉斯谟（Erasmus）1530年出版的《论小男孩的礼貌教育》。这本书用了很大的篇幅，从行为角度规定了礼仪准则。诺贝特·埃利亚斯的《文明的进程》则通过考察西方国家世俗上层行为的变化，探讨了文明的社会起源与心理起源，列举了大量事例来说明由于讲求礼仪，某个群体比过去"文明"了，教养儿童遵从并养成礼仪成为文明社会的重要内容。

在正规教育中，礼仪也是重要的教育内容。民国期间出版的《共和国教科书》就有专门的《修身》科目，主要内容便是关于修养与礼仪的。《共和国教科书》的《新国文》也有相应的内容。如下图：

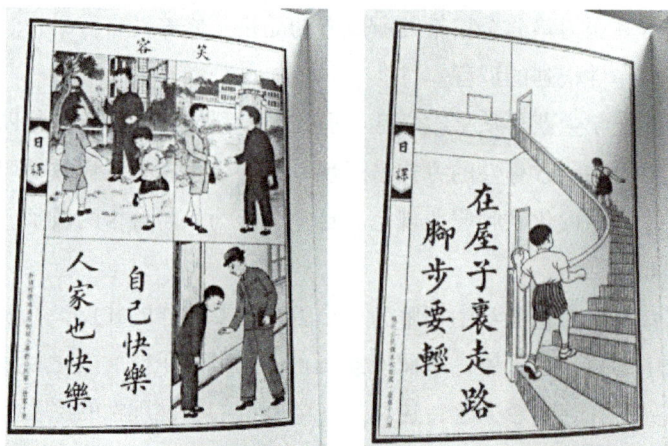

礼仪及礼仪教育在"文化大革命"期间遭到破坏，几千年来形成的礼仪及礼仪教育几乎被连根拔起。相当一段时间内，人们把粗鄙、无礼看作是无产阶级的新文化、新风俗，把礼仪、礼貌看作是虚伪、伪善。但是，重礼貌、讲规矩依然植根于人们的内心，恰当的礼仪依然是人们参与社会生活，与他人沟通、交往的重要前提，依然被看作日常生活正常运转的重要基础。因而，"文化大革命"过后，社会恢复正常秩序，礼仪教育在日常生活、正规教育中，越来越受到重视。

良好的礼仪修养，对每个人都很重要，对教师而言，则尤为重要。礼仪修养不仅是规范个人行为、处理与他人关系的重要基础，也是为学生提供礼仪范本的重要手段。因此，良好的礼仪与修养，是教师之所以成为教师的必要条件。道德低下、言行粗鄙的人，即使有深厚的学科知识，也不能被教师队伍所接纳。子曰："质胜文则野，文胜质则史。文质彬彬，然后君子。"[1]文质彬彬的教师的养成，礼仪教育不可或缺。

三、《教师礼仪与修养》的内容结构及学习方式

教师礼仪与修养有什么独特性吗？教师的礼仪与其他人的礼仪与修养有什么不同吗？这一本《教师礼仪与修养》的内容有什么特殊之处？

如果仅就言行举止的外部表现而言，教师礼仪与其他职业礼仪是没有任何区别的。从活动方面可以分为会客礼仪、就餐礼仪、乘车礼仪等；从个人礼仪的外部表现方面则可分为仪容礼仪、言语礼仪等。与其他人一样，教师应该遵守已经形成的、被人们普遍认可和接受的一般礼仪，在特定的情境中表现出恰当的礼仪。

但是，介绍礼仪的一般书籍并不能替代《教师礼仪与修养》，换言之，《教师礼仪与修养》并不停留于简单地对礼仪的介绍，而要阐释教师礼仪之所以如此的原因，更要结合教师职业的特点，阐述教师礼仪的独特性。既要有知识性，更要有论理性、启发性。

（一）内容结构

本书正文共分六章，为"总—分"结构。第一章是对教师礼仪及其特征与功能的概述，追溯礼仪的起源、给出礼仪的定义，并着重阐明教师礼仪的基本特征与功能。第二章采用历史文化视角，追溯教师形象及礼仪的发展与演化，为教师礼仪修养寻找历史依据。第三章至第五章分别从教师在教育活动中形成的几对人际关系（即师生关系、同事关系、家校关系）及其活动入手，阐明教师礼仪的具体内容。第六章则把教师放置到工作场合之外的社会生活中，阐明教师在社会生活中应具备的礼仪与修养。

1　《论语·雍也》.

第三章至第六章的内容结构，同样采取"总—分"结构。第一节为总述，说明礼仪在形成、维护及发展社会关系中的重要作用。第二节与第三节则分别选取教师活动中的典型活动或典型场合来说明教师应具备的礼仪与修养。第三章阐释师生关系中的礼仪，选取课堂教学礼仪与个别辅导礼仪来重点讲述。第四章阐释同事关系中的礼仪，选取办公室礼仪与研讨活动礼仪来重点讲述。第五章为家校关系的礼仪，选取了家访礼仪与家长会礼仪来重点讲述。第六章选取了公共场合中的礼仪及家庭生活中的礼仪来具体阐明。

```
          ┌─────────┐
          │   导论   │
          └─────────┘
               │
          ┌─────────┐
          │  第一章  │
          └─────────┘
               │
          ┌─────────┐
          │  第二章  │
          └─────────┘
               │
   ┌───────────┼───────────┐
┌─────────┐ ┌─────────┐ ┌─────────┐
│  第三章  │ │  第四章  │ │  第五章  │
└─────────┘ └─────────┘ └─────────┘
   └───────────┼───────────┘
          ┌─────────┐
          │  第六章  │
          └─────────┘
```

社会生活丰富多样，社会关系纷繁复杂，教师礼仪也不能尽数。《教师礼仪与修养》这门课程选择教师礼仪的重要内容加以阐释，意在使学习者掌握教师礼仪的要点，从而能够举一反三，在个人的领悟与实践中进一步提高修养，表现出恰当的礼仪。

（二）学习方式

《教师礼仪与修养》的学习并不困难，无须先行知识，无须高深的理论水平，但需要学习者的静心体会与反思性实践。

这门课程的学习，主要采取以下学习方式进行。

1. 观察

礼仪无处不在、无时不在。学习者可在日常生活中，观察不同场合下人们的言行举止，依照活动、场合、身份等维度，分析每个人的礼仪的恰切程度。

2. 讨论

与礼仪相关的问题，并不能简单地归结为当事人的言行举止、衣着态度，还要深入分析其背后更为复杂的社会背景及思想根源。因此，同学间的共同讨论、争论、激辩就极为必要。为促发同学们讨论，本教材特别提供了大量实例或依据实例改编的案例，包含着较多的观念冲突与两难困境，需要同学们在讨论中进一步明晰。讨论的目的不在于寻求唯一的正确答案，而在于使学习者自己明确相关的思想。

3. 角色扮演

《教师礼仪与修养》是一门实践性较强的课程。在学习期间，学习者将自己置于恰当的情境中去体会、体验、理解特定情境下的礼仪要求，会达到事半功倍的效果。在每一章节，我们都给出了若干个供学习者进行体验练习的情境性练习。同学们可以分小组或个人独立进行角色扮演，深入体会特定情境下的礼仪要求。

4. 反思

本门课程的学习并不在于获得多少关于礼仪的知识，而在于明了背后的道理，因而全部的学习过程都需要学习者能够充分调动自己的经验和体验，进行感受与思考。在观察、讨论及角色扮演中，都需要带着自己的经验和情感来思考着学习。

思考题：师范专业学生为什么必须学习《教师礼仪与修养》？

本章概述

　　通过考察词源，对礼仪进行界定，揭示礼仪的一般意义与作用，讨论礼仪与修养、礼仪与禁忌以及礼仪与文明、礼貌、礼节之间的关系。结合教师职业特点，总结教师礼仪的基本特点，论述教师礼仪的基本功能，阐明教师礼仪与教师修养之间的关系。

结构图

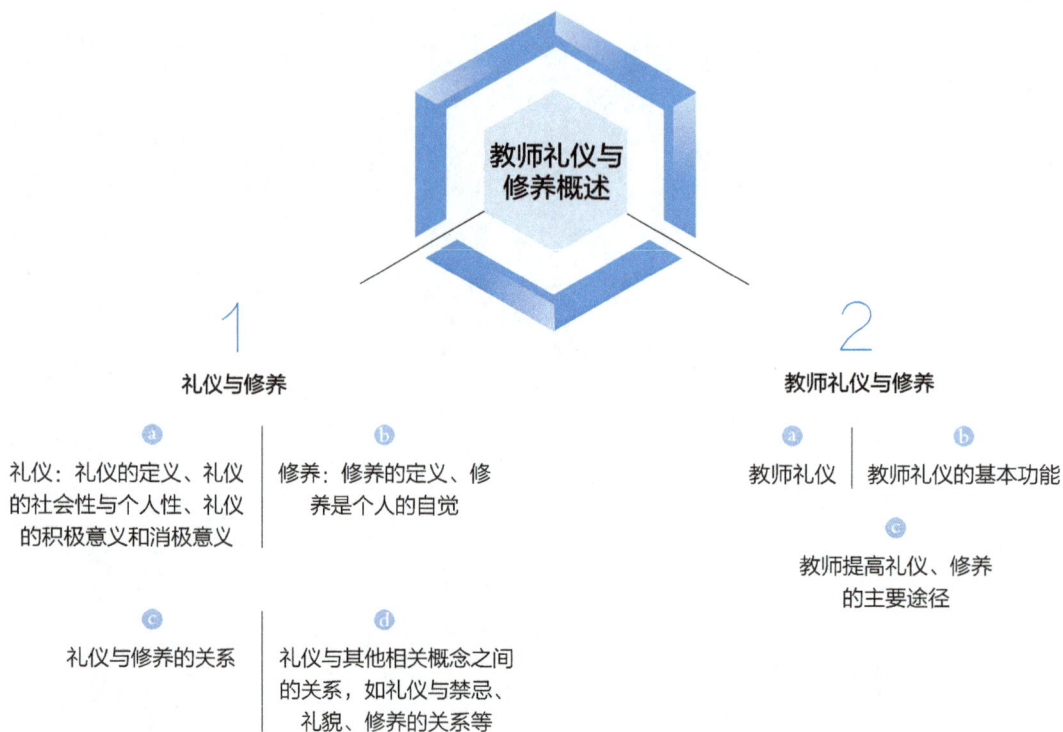

礼仪与修养

ⓐ 礼仪：礼仪的定义、礼仪的社会性与个人性、礼仪的积极意义和消极意义

ⓑ 修养：修养的定义、修养是个人的自觉

ⓒ 礼仪与修养的关系

ⓓ 礼仪与其他相关概念之间的关系，如礼仪与禁忌、礼貌、修养的关系等

教师礼仪与修养

ⓐ 教师礼仪

ⓑ 教师礼仪的基本功能

ⓒ 教师提高礼仪、修养的主要途径

学习目标

1. 了解礼仪的基本定义。

2. 辨析并理解礼仪与修养、禁忌、文明、礼貌、礼节之间的关系。

3. 知晓教师礼仪的基本特点。

4. 理解教师礼仪的基本功能并能举例论证。

读前反思

　　你认为什么样的人是有修养、讲礼仪的？"有修养、讲礼仪"的人有什么样的表现？描述一个你认为的"有修养、讲礼仪"的人。

　　礼仪与修养是什么关系？修养与教养有区别吗？作为教师，礼仪与修养是必不可少的吗？教师礼仪有什么实质性的作用？

第一节
礼仪与修养

学习目标

1. 知晓礼仪的定义。
2. 明了修养的定义。
3. 理解礼仪与修养、礼貌以及教养等概念之间的关系。

一、礼仪

（一）礼仪的定义

有人认为，礼仪就是礼貌、礼节，主要通过仪容、仪表、仪式来表现。一般地说，这样的理解也是对的。例如，没有礼貌的人，我们不会说他有好的礼仪；同样，不讲究礼节的人，也不能被称作是讲礼仪的人。但是，只把礼仪看作为礼貌、礼节，就把礼仪简单化、狭隘化、庸俗化了。

礼貌、礼节绝不是没有灵魂的虚假客套、行为模式，仪容、仪表、仪式不可能尽显礼貌、礼节的全部意义。事实上，礼仪远比礼貌、礼节更复杂，也远不止表现在个人的言行举止上。

案例

有了"笑脸"就不用笑了？[1]

小明的父母突然有事儿，小明放学后两人都不能去接他，只能由爷爷代劳。等爷爷到了学校，放学时间已经过去十多分钟，别的小朋友都已离开，只剩下小明和班主任赵老师站在学校门口。赵老师是一位有七八年工作经验的年轻女教师，长得很端庄，穿着学校统一的校服，胸前还戴着学校统一配发的卡通笑脸胸针。

见到赵老师陪着自己的孙子站在校门口，小明爷爷觉得耽误了老师的时间，感到非常抱歉，笑着对赵老师说："抱歉！我们没沟通好，耽误您的时间了。谢谢赵老师！"赵老师淡然而严肃地说："不用谢。学生的安全是第一位的，我们要把孩子都交到家长手里才放心。我们没关系，但让孩子等久了可不好。家长最好事先定好谁来接，免得拖延太长时间。"小明爷爷觉得赵老师说得也没错，而且赵老师这么年轻还这么负责任，挺难得的。于是就客气地跟赵老师道了别。

1　根据真实案例创作。

带着孙子走在回家的路上，小明的爷爷没来由地觉得有些不畅快。爷爷跟小明边走边聊天，说："赵老师戴的那个笑脸胸针挺好看的，跟咱家旁边饭店的服务员戴的那个笑脸很像啊。"小明说："嗯，挺好看的，我们学校的每个老师都戴着。可是，戴着'笑脸'老师也还经常'凶神恶煞'地批评我们。同学们说，老师戴上笑脸自己就可以不笑了，整天板着脸。"小明的爷爷好像找到了自己不畅快的缘由。

思考练习：

1. 你觉得小明爷爷不畅快的原因是什么？

2. 你觉得赵老师这么做合适吗？还有改进的地方吗？

3. 如果你是赵老师，你觉得你会怎么做？为什么？

上面这个故事是一则非常典型的讲礼仪的例子。表面看来，赵老师的言行举止无可挑剔：认真负责、言语文明，总体上尽到了作为教师的基本职责。因此，对于赵老师，小明的爷爷也觉得是称职的，不可能去指责赵老师。但他为什么总是觉得不畅快呢？这里就牵涉到礼仪的如下几个基本问题：

- 讲求礼仪是基本的待人之道。
- 是否讲求礼仪与内心的态度有关。
- 讲求礼仪既然是待人之道，那么人与人之间的多种关系必然以之进行考量。

例如上面的例子中，小明的爷爷觉得不畅快，与赵老师的态度有关。赵老师虽然负责但过于漠然；虽然有礼貌的言语但没有礼貌的语调；小明的爷爷虽是家长，但相对于赵老师而言也是长辈，应在平等之余示以尊敬，但赵老师没有这样做。因此，在小明的爷爷那里，虽然嘴上说不出什么，但心里是不舒服、不畅快的。

👁 拓展阅读

《论语·为政》讲到子游及子夏问孝的事情。

"子游问孝。子曰：'今之孝者，是谓能养。至于犬马，皆能有养。不敬，何以别乎？'"朱熹在其注里讲道："犬马待人而食，亦若养然。言人畜犬马，皆能有以养之，若能养其亲而敬不至，则与养犬马者何异。甚言不敬之罪，所以深警之也。"[1]

"子夏问孝，子曰：'色难。有事，弟子服其劳；有酒食，先生馔，曾是以为孝乎？'"朱熹在其注里讲道："盖孝子之有深爱者，必有和气；有和气者，必有愉色；有愉色者，必有婉容。故事亲之际，惟色为难耳，服劳奉养未足为孝也。"[2]

1　四书集注.

2　四书集注.

思考与讨论：结合案例《有了"笑脸"就不用笑了？》讨论以上两则有关孝的言论。

那么，礼仪究竟是什么？先来看看"礼"的含义。《说文解字》中说："礼，履也，所以事神致福也。"这是"礼"的最初含义。可以说，"礼"是"事神"的内在状态（如虔诚、恭敬、庄严、谨慎、祈祷等）。内在状态需要借由外部的仪式来表达，而这套仪式又需借助器物、语言、行为以及由此所构成的环节、过程来实现，因此就有了"仪"。最早把"礼""仪"一起用作"礼仪"的应是《诗经·小雅·楚茨》。《诗经·小雅·楚茨》描写了祭祀的全过程，从祭前的准备一直到祭后的宴饮，用文学化的方式展现了周代祭祀礼仪的神采、样貌。从《楚茨》里，可以非常形象地体会到一整套"事神"的礼仪。

📺 **资料链接**

《诗经·小雅·楚茨》

楚楚者茨，言抽其棘，自昔何为？我蓺黍稷。我黍与与，我稷翼翼。我仓既盈，我庾维亿。以为酒食，以享以祀，以妥以侑，以介景福。

济济跄跄，絜尔牛羊，以往烝尝。或剥或亨，或肆或将。祝祭于祊，祀事孔明。先祖是皇，神保是飨。孝孙有庆，报以介福，万寿无疆！

执爨踖踖，为俎孔硕，或燔或炙。君妇莫莫，为豆孔庶。为宾为客，献酬交错。礼仪卒度，笑语卒获。神保是格，报以介福，万寿攸酢！

我孔熯矣，式礼莫愆。工祝致告，徂赉孝孙。苾芬孝祀，神嗜饮食。卜尔百福，如几如式。既齐既稷，既匡既敕。永锡尔极，时万时亿！

礼仪既备，钟鼓既戒，孝孙徂位，工祝致告，神具醉止，皇尸载起。鼓钟送尸，神保聿归。诸宰君妇，废彻不迟。诸父兄弟，备言燕私。

乐具入奏，以绥后禄。尔肴既将，莫怨具庆。既醉既饱，小大稽首。神嗜饮食，使君寿考。孔惠孔时，维其尽之。子子孙孙，勿替引之！

思考与讨论：

1．这首乐歌从哪些方面描述了祭祀仪礼？

2．这首乐歌从哪些方面表现了祭祀的庄重、恭谨？

3．试着给礼仪下一个定义。

在"祭祖祀神"活动中，礼仪的内涵与特征得到最集中的体现。即："礼"是对神的虔敬、恭谨，是源于内心的真实态度；"仪"则以恰当的形式来表达对"礼"的虔敬与恭谨。

在讲究礼仪的社会，日常社会生活中的礼仪虽然不像"祭祖祀神"活动那样表现得庄重与虔敬，但尊重、认真、发乎内心的特点是相同的，而外部的仪式表现则根据事件与情境有相应的恰当表现，如朱熹所言"礼者，天理之节文，人事之仪则也"。依礼而行，社会生活便有明确的规则，人与人之间的交往沟通便能够依规则而行，便能够顺畅无阻。

🔊 名人名言

礼者，天理之节文，人事之仪则也。

——朱熹

（二）礼仪的社会性与个人性

礼仪既是社会的也是个人的。所谓礼仪的社会性，是指人们对礼仪有共同的认识并希望每个人都能依礼而行，遵守礼仪的一般规则。例如，尊敬长辈，在严肃的场合要庄重，在喜庆的场合不说不吉利的话等。当礼仪被所有的人认可并下意识地遵照礼仪行动时，礼仪便演化为习俗，通过礼貌、礼节等具体表现出来；当礼仪成为要求人们自觉遵守的行为准则时，则会

> **礼仪**
>
> 礼仪，即依礼而行的言语行为方式，通常表现在仪容、仪表、仪式等方面。

成为制度或法律。所谓礼仪的个人性，是指个人对礼仪有相对独立的理解和独特的表现，有着明显的个人风格，也有着程度上的符合与不及，例如人们常说某人"懂礼貌""知礼节"或"没礼数""不懂事儿"。随着社会生活的发展与变化，礼仪也会发生相应的变化，而这种变化，最早则与个人对礼仪的遵守或破坏有关。因此，礼仪的社会性与个体性、稳定性与变化性，相应而生，相辅相成，张力十足，成为社会生活的重要内容。

埃利亚斯在《文明的进程》中介绍过叉子作为餐具在意大利被认可的过程，特别能够说明礼仪或风俗是与社会结构、社会生活相一致的。

11世纪，威尼斯共和国的一个元首娶了一个希腊公主。在她所处的拜占庭的圈子里人们显然是用叉子的。总之我们听说，她是用"有两个齿的金属的长柄叉"把食物送到嘴里去的。

这件事情成了当时威尼斯的一桩大新闻。"这种标新立异的做法是一种极度的讲究，以至于元首夫人受到了教会的严厉斥责。教会把天怒降到她的头上。不久，她染上一种令人作呕的疾病，圣·博纳旺蒂尔立刻宣布，这是上帝对她的惩罚。"

又过了5个世纪，随着人际关系结构的变化，这种餐具的使用才成了人们的普遍需要。从16世纪起叉子从意大利传入法国，然后又传入了英国和德国。至少在上流社会里，人们

慢慢地把它用作就食的餐具；而在这之前的很长一段时间里，人们只是用它来叉取盘子里固体食物。……一些我们认为理所当然的风俗习惯——这是因为我们从小就适应了现时社会的水准，并对它形成了条件反射的缘故——整个社会必须逐步地、费力地学会并使之固定下来。无论是像叉子这样很小的、微不足道的东西，还是更大一些、更重要一些的行为方式都是如此。[1]

（三）礼仪的积极意义与消极意义

礼仪源于活动而用于活动，因而特定的活动总是有与它相对应的礼仪，但礼仪也能够脱离具体活动而独立存在。这种独立存在的礼仪反过来便成为制约活动进行的一整套制度和方式，从而也对个人的礼仪和言行提出了要求。独立存在的礼仪，其正面意义是规范了人的言行，使得社会生活能够依礼而行，有条不紊；负面意义则使礼仪成为繁文缛节，成为虚饰的客套，成为骗取他人好感的伪装，成为脱离内心真诚和道德感的虚空外衣，甚至使人们产生一种错觉，即德行和才能并不重要，重要的是有能够通过这样的外表使人们感觉到你有德行和才干。正如德国小说家冯塔纳在《伦敦之夏》中对英国的评价："在注重事物的实质方面，世界上从未有过一个国家像英国那样达到一种纯粹的地步。相反，对人的看法，在这个国家却只注重形式和流于表面的东西。你不必是个绅士，只要有办法使自己看上去像个绅士，那么你就是绅士了；你不必有理，只要在形式上显得有理，那么你就有理了……到处都是表面现象。"[2]

1736年出版的策特勒百科大词典中关于礼貌这一词条的解释，也非常具有典型意义。

"礼貌"一词无疑是从宫廷及宫廷生活中来的。大君主们的宫廷是一个舞台，每个人都想在那儿试试自己的运气，这就是说，要设法赢得君主和宫廷中最上层人物的垂青。人们想方设法去博得他们的欢心，使他们相信，我们随时都能够或愿意这么竭尽全力为他们效劳。虽然我们并不是随时都能够或愿意这么做，并且这种不能够和不愿意一般都是有充分理由的。然而，这一切都是以礼貌的形式表现出来的。我们以表面的行为给他人以最好的保证，以致使他们对我们寄予美好的希望，认为我们多么乐意为他们效劳；这使我们赢得了别人的信任，使他在不知不觉中对我们产生了好感并很愿意给我们以回报。礼貌的普遍意义在于，它能给具备它的人带来特别的好处，尽管我们应该靠本事和德行来博得别人的尊敬。可是有多少人真有本事和德行呢？是的，又有多少人懂得如何去尊重本事和德行呢？那些流于表面

---

1 ［德］诺贝特·埃利亚斯. 文明的进程：文明的社会起源与心理起源研究（第一卷）［M］. 王佩莉，译. 北京：生活·读书·新知三联书店，1998：141～142.
2 ［德］诺贝特·埃利亚斯. 文明的进程：文明的社会起源与心理起源研究（第一卷）［M］. 王佩莉，译. 北京：生活·读书·新知三联书店，1998：97.

的东西往往更能打动那些只注重外表的人们，尤其是在能迎合他们愿望的时候。用这些来形容一个礼貌周全的人是再确切不过了。[1]

阅读、讨论与思考：什么才是真正的礼貌、礼仪？

礼仪如何才能真正成为内心真诚的表现而不成为伪饰？儒家的解释非常深刻。《论语》中说："礼之用，和为贵。先王之道斯为美，小大由之。"朱熹注道："礼者，天理之节文，人事之仪则也。和者，从容不迫之意。盖礼之为体虽严，而皆出于自然之理，故其为用，必从容而不迫，乃为可贵。先王之道，此其所以为美，而小事大事无不由之也。"也就是说，礼即"理"，要依天理而行，要顺其自然。

💻 **资料链接**

孔子曰："夫礼，先王以承天之道，以治人之情，故失之者死，得之者生。"诗曰："相鼠有体，人而无礼，人而无礼，胡不遄死。是故夫礼，必本于天，肴于地，列于鬼神，达于丧祭射御，冠昏朝聘。故圣人以礼示之，故天下国家可得而正也。"（《礼记·礼运》）

"故礼义也者，人之大端也。所以讲信修睦，而固人之肌肤之会，筋骸之束也。所以养生、送死，事鬼神之大端也，所以达天道、顺人情之大窦也。"（《礼记·礼运》）

二、修养

💻 **资料链接**

哀公问："弟子孰为好学？"孔子对曰："有颜回者好学，不迁怒，不贰过，不幸短命死矣。今也则亡，未闻好学者也。"（《论语·雍也》）

（一）修养的定义

在日常生活中，大多数人认为，有修养的人就是理智、冷静、不冲动者，无论在何种情况下，都能做到不生气、不发火、不迁怒、不恼羞成怒。在这种意义上，"修养"通常作为名词使用，用于描述人的品格高低、人格完善程度，例如，"张三修养高""李四修养差"或

1　［德］诺贝特·埃利亚斯. 文明的进程：文明的社会起源与心理起源研究（第一卷）［M］. 王佩莉，译. 北京：生活·读书·新知三联书店，1998：68.

者"王二没修养"等；同时，也用于个人努力的目标，如"努力提高个人修养"。

但是，"修养"并不是先天的，而是"修"成的、"养"成的，是在现实的实践活动中，通过自我努力修炼而成。因此，"修养"饱含着更强烈的动词的含义。也正是这个意义上，儒家强调"克己复礼"。

颜渊问仁。子曰："克己复礼为仁。一日克己复礼，天下归仁焉。为仁由己，而由人乎哉？"（《论语·颜渊第十二》）朱熹注道："为仁者，所以全其心之德也。盖心之全德，莫非天理，而亦不能不坏于人欲。故为仁者必有以胜私欲而复于礼，则事皆天理，而本心之德复全于我矣。归，犹与也。又言一日克己复礼，则天下之人皆与其仁，极言其效之甚速而到至大也。又言为仁由己而非他人所能预，又见其机之在我而无难也。日日克之，不以为难，则私欲净尽，天理流行，而仁不可胜用矣。程子曰：'非礼处便是私意。既是私意，如何得仁？须是克尽己私，皆归于礼，方始是仁。'又曰：'克己复礼，则事理皆仁，故曰天下归仁。'"[1]

这段话的核心思想，是指出了"克己"即"修养"的重要性。人都有私欲，克尽私欲才能归"仁"，而"归仁""复礼"的路子只能通过"克己"来实现，既不能由他人帮助，也不能侥幸先天无私欲。而且，"克己"，须日日"克"方"不以为难"，方能克尽"私欲"而存"天理"。

那么，如何才能"克己复礼"？颜渊也问了同样的问题，即克己的具体方法或具体内容。

颜渊曰："请问其目。"子曰："非礼勿视，非礼勿听，非礼勿言，非礼勿动。"颜渊曰："回虽不敏，请事斯语矣。"朱熹注道："非礼者，己之私也。……程子曰：'颜渊问克己复礼之目，子曰：非礼勿视，非礼勿听，非礼勿言，非礼勿动。四者身之用也。由乎中而应乎外，制于外所以养其中也。……克己复礼，久而诚矣。'"朱熹认为此章问答，"乃传授心法切要之言。"[2]

🔊 名人名言

由乎中而应乎外，制于外所以养其中也。

——程颐

1　四书集注.
2　四书集注.

如果用修养来理解的话，那么，朱熹说的"心法"便是自我修养的心法，即什么是修养、修养的最高境界，以及如何修养。修养即"克己复礼"，修养的最高境界和目的即"仁"，修养的途径与方法即"非礼勿视，非礼勿听，非礼勿言，非礼勿动"。

儒家关于修身的思想，在《大学》里有更为系统的阐释和论证。"古之欲明明德于天下者，先治其国；欲治其国者，先齐其家；欲齐其家者，先修其身；欲修其身者，先正其心；欲正其心者，先诚其意；欲诚其意者，先致其知。致知在格物。物格而后知至，知至而后意诚，意诚而后心正，心正而后身修，身修而后家齐，家齐而后国治，国治而后天下平。自天子以至于庶人，壹是皆以修身为本。"

《大学》的"八条目"，即"格物、致知、正心、诚意、修身、齐家、治国、平天下"的核心，正是"修身"，修身必先诚意，诚意必先正心；齐家、治国、平天下都从"修身"始。儒家的思想也深刻地影响了其他国家的修养理论与实践。日本的新渡户稻造在《修养》一书中，引用了《大学》里关于"修身"的具体内容，把修身与克己联系起来。新渡户稻造认为："修"乃修身，"修身是以克己为本，不因肉体情欲而心烦意乱，以心为主，然后确定身体的动作或志路，才能不错方向，不乱方寸，井然有序地前进"。"养"是养心之意。他认为，"'养'这个字正像字形所表现的那样，意思是羊的食物。羔羊是非常温顺的动物，没有什么智慧，如果没有引导者，最容易迷路，就像人的心灵那样很容易被善恶所影响。……如果放任自流的话，最终是不可能向善的。……修养的'养'字就像每个人管理的羔羊，稍不细心，就会死去。相反，如果耐心饲养的话，它就会最顺从你。就像对待羔羊那样，你要给心灵食物，寒冷的时候给它温暖，火热的时候替它降温，走上迷途时，把它叫停，带它回到正道，采取各种方法，培养它走正道。"[1] "新渡户稻造的解释引用了基督教的'迷途的羔羊'这一比喻，把传统的儒学论述中的'修身养性'与基督教中的悉心管理心灵的羔羊这一思想结合起来"[2]。

当然，修身并不是一种专有活动，一切真心诚意的活动都是修身活动。如孔子所言"三人行，必有我师焉。择其善者而从之，其不善者而改之"[3]。因此，如果给修养下一个定义的话，可以简单地说：修身是使人保持积极向上、向善向美的根本途径，而修养正是个人在自觉的修身活动中所涵养形成的内在品格与自我提升的能力。在这里，修身是修养的动词形态，修养是修身的名词状态。

> **修身**
>
> 修身是使人保持积极向上、向善向美的根本途径，而修养正是个人在自觉的修身活动中所涵养形成的内在品格与自我提升的能力。

1　[日]新渡户稻造. 修养［M］. 王成，陈瑜，译. 北京：中央编译出版社，2012：4.
2　[日]新渡户稻造. 修养［M］. 王成，陈瑜，译. 北京：中央编译出版社，2012：3.
3　论语·述而.

（二）修养是个人的自觉

在朱熹所说的修养"心法"中，孔子提到"为仁由己，而由人乎哉"，即修养全靠自己的努力和自觉。同样，《大学》也从"慎独"的角度进一步阐释了个人自觉的意义。

所谓诚其意者，毋自欺也。如恶恶臭，如好好色，此之谓自谦，故君子必慎其独也。小人闲居为不善，无所不至，见君子而后厌然，掩其不善，而著其善。人之视己，如见其肺肝然，则何益矣。此谓诚于中，形于外，故君子必慎其独也。曾子曰："十目所视，十手所指，其严乎！"富润屋，德润身，心广体胖，故君子必诚其意。[1]

朱熹作注道：

诚其意者，自修之首也。……自欺云者，知为善以去其恶，而心之所发有未实也。……独者，人所不知而己独知之地也。言欲自修也知为善以去其恶，则当实用其力，而禁止其自欺。使其恶恶则如恶恶臭，好善则如好好色，皆务决去，而求必得之，以自快足于己，不可徒苟且以殉外而为人也。然其实与不实，盖有他人所不及知而己独知之者，故必谨之于此以审其几焉。……小人阴为不善，而阳欲掩之，则是非不知善之当为与恶之当去也；但不能实用其力以至此耳。然欲掩其恶而卒不可掩，欲诈为善而卒不可诈，则亦何益之有哉！此君子所以重以为戒，而必谨其独也。……虽幽独之中，而其善恶之不可掩如此。可畏之甚也。……心无愧怍，则广大宽平，而体常舒泰，德之润身者然也。盖善之实于中而形于外者如此。[2]

也就是说，对于一般人而言，大多都能辨别善恶美丑。但是，之所以有的人能够识善行善，而有的则识善行恶，区别就在于修身是否有"诚意"而不自欺以及是否能"实用其力"。正如朱熹所说修身的首要是"诚其意"。诚其意就是不自欺，不自欺就是"如恶恶臭，如好好色"，像厌恶臭味一样，像喜好美好的容颜一样，要遵从自己内心对善恶的认识。但只有认识还不够，还要有努力的实践，才能为善去恶。心不诚，而企图伪装出有修养的样子，是不可能的。正如《大学》所言，"伪装"是没用的，修养就要"实用其力"去"为善去恶"。

📢 名人名言

诚于中，形于外，故君子必慎其独也。

——《大学》

1　大学.
2　四书集注.

颜渊是孔子最得意的弟子，但不幸英年早逝，"孔子哭之恸"[1]。颜渊是孔子眼里的"好学者"，因其能做到"不迁怒、不贰过"[2]，或者说，能够做到"不迁怒、不贰过"，才是真正的"好学者"，即把修养看作"学"的最高体现。

为什么"不迁怒、不贰过"是"学"的高境界呢？

因为所"怒"在事不在人，所以能够"不迁"。"不迁"，所以心态平和，能够清楚事物的善与不善，能够不再做错事，即"不贰过"。因此，真正的学习并非"记诵文辞"，而是正心养性，明诸心，知所往，并努力去践行。人皆有七情，"形既生矣，外物触其形而动于中矣。其中动而七情出焉"，所以，"学者约其情使合于中，正其心，养其性而已。然必先明诸心，知所往，然后力行以求至焉"。在这个意义上，学习就是正心养性、持续修养的过程。"不迁怒、不贰过"，便是约情、正心、养性、力行的结果。也就是说，修养是个人的自觉。

三、礼仪与修养的关系

一般而言，礼仪是修养的外在表现，修养是礼仪的内在根据。修养高的人，进退有度，言行得当；反过来，进退有度，言行得当的人，通常修养也不会差。当然，有时也可能是伪装，但伪装只能掩盖一时，不可能示人一世。从根本上说，修养决定着礼仪的外部表现，但是，修养不是先天的，而是个人在后天的实践中逐渐养成的。在这个养成的过程中，知"礼"而修"仪"，因此，又可以说，修养的起点是礼仪，即从礼仪规范修起。即所谓"非礼勿视，非礼勿听，非礼勿言，非礼勿动"，即"制于外所以养其中也"。

人的修养如何，不仅表现在礼仪上，还会表现在人的长相上。《孟子》中说："存乎人者，莫良于眸子。眸子不能掩其恶。胸中正，则眸子瞭焉；胸中不正，则眸子眊焉。听其言也，观其眸子，人焉廋哉？"即，人的心术邪正能够通过眼睛看出来。心正则眸清，心邪则眸浊。也就是我们通常所说的：眼睛是心灵的窗户，人的态度难以在眼神中伪装。在《男孩的礼貌教育》中，伊拉斯谟也谈到了有礼貌的人应该有的目光："人的目光应该柔和、真诚、宁静，而不应该空洞、冷漠或像阴险恶毒的人那样东张西望……眼睛睁得溜圆表明愚蠢，呆视表示懒散，过于锐利的目光说明一个人就要发火，过于活泼而又富于表情的眼神则是一种不知耻的表现。倘若一个人的眼睛里流露出一种安详而又令人尊敬的友好神情，那便是最好了。"这里所说的目光并未像《孟子》描述的那样与"正"相连，却也生动地说明了目光所表示的人的态度。这说明：要想恰当地呈现自己的真实态度，也需要借助于外部的表现。

礼仪是内在修养的外在表现，而修养也可能由外部礼仪形塑而成。因此，礼仪与修养从根本上不可分。但是，礼仪与修养并不能完全等同，也不是自然而然地结合到一起，也会有

---

1 《论语·雍也》.

2 《论语·雍也》.

相互分离的情况。例如，修养很好的人，在个人难以应对的情境下也可能进退失据，举止失当；而特定情境中礼仪恰当的人也未必是修养好的人。

礼仪绝不只是技巧、仪表，而是个人修养在特定情境中的表现。有修养的人，不一定是仪容精致的人，而是能够依据自己与他人的关系、依据场合与情境而选择恰当仪容的人。例如去好朋友家小聚，你穿着干净而庄重的晚礼服，是不想帮着朋友干活吗？出席教育局的颁奖大会，你穿着短裤拖鞋，是想要羞辱这个奖项吗？有修养的人，不是处处表现礼貌的人，而是能够表现真心、表现尊重的人。例如，对于好朋友的无私帮助，一再用言辞表达谢意就显得不够真诚；在与朋友的畅谈中，一再使用敬语，也难以使谈话真正畅快起来。正是在这样的意义上，可以说，礼仪不是固定的一套规范、一套技巧，而是用适当的方式来表达敬意，是修养的自然流露。

当然，修养不是天生的，而一定是通过长期的实践"修炼而养成"。正是在这个意义上，礼仪的学习是必要的。就教育而言，可以是由外而内的，例如通过讲道理的方式，使学生自觉遵从礼仪规范，并在长期、反复的实践中体会、体验从而内化为修养，并再让礼仪成为修养的外化。

我们也可以用《男孩的礼貌教育》一书作者伊拉斯谟在书后的献词中所说的一段话来阐释修养与礼仪的关系。伊拉斯谟说道："青年人，首先是贵族的青年人应该具备谦逊的美德。通过对自由艺术的研究使其心灵才智得到发展的人都应该被视作高尚的人。尽管可以让别人在自己的盾牌上画上狮子、雄鹰和其他的动物作为纹章，而真正占有雄鹰的，应该是那些能够把他们自己在艺术和科学领域里的造诣画进盾牌纹章里的人。"[1]这就像礼仪与修养一样，真正的礼仪不是"别人画上去的雄鹰纹章"，而是"自己在艺术和科学领域里的造诣"，即修养。

四、礼仪与其他相关概念之间的关系

在日常生活中，与礼仪相关的用语有许多，它们从不同侧面表达着礼仪或修养的含义。常见的词有禁忌、礼貌、教养、文明等。例如，一个"文明"人，通常是一个有"教养"的人，有"教养"的人，是懂"礼仪"讲"礼貌"的，是不会犯"禁忌"的，这样的人，通常是有修养的。

（一）礼仪与禁忌

礼仪通常伴随着禁忌而出现。适当的礼仪，首先表现为不违背禁忌。所谓的"入国问俗"，就是要清楚当地的风俗习惯，不要犯忌。

那么，什么是禁忌呢？"现在人们将'忌讳'一词作为"taboo"的对应词，"taboo"一词，

1　[德]诺贝特·埃利亚斯. 文明的进程：文明的社会起源与心理起源研究（第一卷）[M]. 王佩莉，译. 北京：生活·读书·新知三联书店，1998：97.

是文化人类学家从南太平洋波里尼西亚汤加岛的土语引入的。这词的含义，除了'忌讳'之外，还包含着'禁止''戒律'这类相关意义。虽然原义主要是指宗教迷信和社会习俗方面的禁忌和清规戒律，但也含有不成法的强制性的行为规范和涵义，也就是说包含着外力要禁止你行为的涵义"[1]，因此，概括地说，"禁忌是人们为了避免某种臆想的超自然力量或危险事物所带来的灾祸，从而对某种人、物、言、行的限制或自我回避"。例如，中国人选车号很少选"4"，因为"4"的谐音是"死"；对于亲近或尊敬的人的"死"也不说"死"，而说"走了"，否则便是不敬。当然，直呼父母或教师的名字，也被认为是不敬的。

"社会人际交往中的禁忌，对于调节人际关系，起着一定的作用。它以对人尊重、友好、助他为基本原则，当然也有尊己利己目的……在人际交往的具体事项中，如称呼、送礼、做客、待客，都有一些禁忌。对人们称呼的语言，忌讳对长辈直呼其名，而要用尊敬、亲切的称呼……给人赠送礼品，在数量、品种上时有禁忌。例如，给结婚者送礼品，那些该成对的物品切忌拆成单数送去。送一对花瓶或一对枕头，祝人成双成对，若送一只花瓶、一个枕头，必然令人不快。"[2]"到别人家做客的禁忌以尊重主人为原则……在别人家做客吃饭时，座位忌随便移动……"[3]等等。

禁忌是风俗的主要内容，因而也可以说，礼仪的"行为准则则是对一再重复的风俗习惯的反映"[4]。例如，"佳肴未齐，切勿进食。急不可待，贻笑大方"[5]。

在某种程度上，礼仪的养成，首先是不犯忌，是对禁忌的敬畏与不违背，是对风俗的尊重。

（二）礼仪与礼貌

人们通常把礼貌和礼貌用语以及礼貌的行为等同起来，以为礼貌就是能说出礼貌的言语、能做出礼貌的行为，以为礼貌只是对个人言行的要求。事实上，礼貌和礼仪一样，也是由人际关系中产生的，是因对他人的尊敬态度而衍生出的相应的言语与行为。如果表示感谢的词语没有了真诚的谢意，感谢便成了客套、敷衍；如果帮助的行为没有了关怀，也会变成强迫。对他人看似并不礼貌的行为的鄙视、挖苦与讽刺，更是不礼貌。"能够原谅别人的过错，这是'civilitas'，也就是礼貌最主要的德行，不要因为你的同伴有些有不雅的举止就鄙弃他，有的人举止粗俗，却很有才华。……如果你的一个同伴由于无知而犯了过错……悄悄地，友好地告诉他，这就是礼貌。"[6]因此，可以说，礼貌与礼仪一样，源自尊敬。

1　徐德明. 民间禁忌［M］. 广州：广东教育出版社，2003：3.
2　徐德明. 民间禁忌［M］. 广州：广东教育出版社，2003：49.
3　徐德明. 民间禁忌［M］. 广州：广东教育出版社，2003：50.
4　［德］诺贝特·埃利亚斯. 文明的进程：文明的社会起源与心理起源研究（第一卷）［M］. 王佩莉，译. 北京：生活·读书·新知三联书店，1998：153.
5　［德］诺贝特·埃利亚斯. 文明的进程：文明的社会起源与心理起源研究（第一卷）［M］. 王佩莉，译. 北京：生活·读书·新知三联书店，1998：153.
6　［德］诺贝特·埃利亚斯. 文明的进程：文明的社会起源与心理起源研究（第一卷）［M］. 王佩莉，译. 北京：生活·读书·新知三联书店，1998：157.

礼貌与礼仪不同的地方是，礼貌是礼仪的一个侧面，大多处理个人间的事务，并不特别强调礼仪的仪式性。

✏️ **体验练习**

阅读以下材料，说说你的想法。

2014年春，就大陆小孩在香港当街便溺事件，陈道明的一段话特别能够揭示礼仪与文明的意义。"文明的意义除了不当街便溺，还有善意与宽容，前者是表象，后者才是根本。真正的文明，是碰到这样的情况，走过去善意咨询那位母亲是否需要帮忙，或者指引她找到厕所，而不是冷漠地拍照以此作为渲染大陆人素质低下的又一个证据。大陆人的素质的确有待提高，但香港人的文明同样需要提升。"[1]

（三）礼仪与教养

礼仪与教养经常可以放在一起用。例如："熟知礼仪者，方谓有教养。其人循绳墨，无败其德行。"[2]也就是说，有教养的人，可从其礼仪来得到观察和确证；而礼仪得当的人，通常是有教养的人。在这种意义上，似乎教养与修养相近，都由礼仪来得到显现。但是，修养更重视个人通过"克己"来实现道德的完善。个人修炼的意涵极为强烈。例如，关于教师的修养，我们更强调教师个人的努力。修养可以用"高、低、好、坏"来表现"修炼"的程度及进程，而教养则不用"高、低、好、坏"，只用"有无"，有则有，无则无，不存在程度上的差异。同时，教养更多表达的是个人教养背后的家庭或其他教育力量的成果。例如，说某人"有教养"，除了赞许其本人，也暗含着对其家庭教育的赞许和肯定，所谓"子不教，父之过"。在这个意义上，礼仪的习得与否，确与教育有相当的关联。扩展而言，学生的教养与礼仪，与家庭的熏陶、与教师的身教都有重要关联。例如："口中包含食物，还要饮水如畜。见此少教之举，当知其行之恶。"[3]这种情况，一定与成人的教育有关。由于教养多于日常生活中表现，因而埃利亚斯认为："'有教养的'一词与西方的文明概念非常接近，从某种程度来说，它是文明的最高形式，即使是在'文化上''一无所成'的人和家庭也可以是'有教养的'。与'文明'一词相同，'有教养'首先是指人的行为和举止，指人的社会状况，他们的起居、交际、语言、衣着，等等。"[4]

1　http://club.kdnet.net/dispbbs.asp?boardid=1&id=10025242.
2　［德］诺贝特·埃利亚斯. 文明的进程：文明的社会起源与心理起源研究（第一卷）［M］. 王佩莉，译. 北京：生活·读书·新知三联书店，1998：161.
3　［德］诺贝特·埃利亚斯. 文明的进程：文明的社会起源与心理起源研究（第一卷）［M］. 王佩莉，译. 北京：生活·读书·新知三联书店，1998：162.
4　［德］诺贝特·埃利亚斯. 文明的进程：文明的社会起源与心理起源研究（第一卷）［M］. 王佩莉，译. 北京：生活·读书·新知三联书店，1998：62～63.

第二节
教师礼仪与修养

🎯 **学习目标**

1．了解教师礼仪的基本特征。
2．理解教师礼仪的基本功能。
3．理解教师修养提高的基本途径。

一、教师礼仪

一般来说，教师礼仪是社会礼仪的重要组成部分，它遵从社会礼仪的一般规范，在社会生活的方方面面都要遵从习俗、不违禁忌、言行得当、应对有据等。当然，由于大多数的礼仪规范主要处理的是日常生活中的活动，且大多已成为习俗，因而难以引起人们对自身行为礼仪的自觉关注。所谓"入乡随俗"，也可以说明，对于一般的文明人而言，遵从礼仪并不是一件难事。"'衣食''温饱'联称，穿衣吃饭既是人生日常不可或缺的大事，又是稀松平常反而不惹人注意的行为。就衣着而言，除了因男女性别差异以及各种典礼、婚丧庆吊的服饰为社会所讲究，有诸种禁忌之外，日常服饰大抵只注意整洁、穿衣人的身份等事项"[1]，并没有特别的要求。

当然，与其他人相比，对教师礼仪还有一些特殊要求。

首先，教师之为人师，所体现的不应仅是个人的教养，而应是社会历史文化的积淀。因此，要求教师个体能够自觉内化并遵从社会礼仪，体现人类社会在礼仪方面的最高水平。

其次，教师之为人师，其重要任务是教导、引导学生。无论教师个人修养如何，都以这样或那样的方式对学生发挥着重要的影响，因而必须克己修炼，敬事敬人，成为学生的榜样。因而，教师必须时时处处注意个人礼仪，以起示范和榜样作用。

因此，教师礼仪具有如下双重含义：

（1）教师礼仪是教师的职业身份所决定的。教师作为活动主体，在与他人（如学生、家长、同事等）交往中要有符合教师身份的礼仪。

（2）教师礼仪是学生礼仪的榜样。教师作为学生活动的引导者，与学生及他人交往的过程，也是为学生树立榜样的过程，这是教师礼仪不同于其他人礼仪的特殊之处。

总体而言，对于教师而言，要特别强调"律己"与"敬人"，以体现深厚的社会历史文化积淀，体现人类千百年来的文明积累，将一般人通常忽视的礼仪显性化，为一般人做出礼仪榜样。据《论语·乡党篇》所详细记述的孔子的衣食住行、容色言动，便可将之看作是礼仪的榜样。

当然，教师礼仪的意义并不仅在于礼仪本身，而是礼仪对于学生，对于家长、同事以及

1　徐德明. 民间禁忌. 广东教育出版社，2003：100.

教育活动的意义。例如，以学生视角来看，学生心目中的好教师以及好老师应有的礼仪，极大地影响着教师对自身的要求。

《孩子心目中的好老师》一书，搜集、整理了众多学生的图画与文字作品，展现了孩子们心目中的好教师的形象，以及他们对好教师形象的想象与期待。学生对好教师形象的想象与期待包括各个方面，既有衣着方面，也有言谈举止方面，还有性格气质方面，等等。

"我心目中的好老师，他应该是一个既平凡又不平凡的人。他不用打扮得很时尚，只要端庄、朴素、大方就行了。他有独特的性格与气质，我们会从他的眼睛和心灵深处永远看到纯洁和希望……他应该温和而不严厉，风趣且很健谈。在他的课堂上，没有挖苦和讽刺，有的是鼓励和微笑；没有框框的束缚，有的是心灵的自由；没有枯燥乏味的说教，有的是生动、机智和幽默，有的是清新的空气和灿烂的阳光。"（初二学生）[1]

"如果你问我你心目中的好老师是什么样子的话，我会不假思索地告诉你：他长得不一定漂亮，衣着朴素整洁而不妖艳；谈话温文尔雅而不粗俗；举止大方而不装腔作势；态度和蔼可亲而不令人望而生畏。"（小学六年级学生）[2] "我心目中的好老师是一个诚实守信、明辨

---

1 张铁道，苏学恕. 孩子心目中的好老师［M］. 上海：华东师范大学出版社，2012：59.
2 张铁道，苏学恕. 孩子心目中的好老师［M］. 上海：华东师范大学出版社，2012：47.

是非、敢于自我批评的老师。"（小学五年级学生）[1] "我不喜欢嗓音特大、不尊重学生、总是对学生采取'武力镇压'的老师。教室里只能听见他的声音，课堂纪律固然好了，可这样的课堂完全失去应有的生机。学生见了他，像老鼠见了猫，他也自以为很有威信。"（小学六年级学生）[2]

从以上学生所描绘的画像、倾吐的心声来看，学生们对好教师的要求看似并不高，却又是不经过自觉修养而很难实现的。

二、教师礼仪的基本功能

如上所说，教师礼仪不仅是教师个人的行为规范，还是学生学习、践行礼仪的榜样。同时，教师礼仪还是教育活动的基本要素，具有重要的教育功能。

（一）教师礼仪是教育的基本要素

假设你在一节公开课上，看到一位老师对学生大加呵斥；假设你看到一位老师在公开课上穿着15厘米高的高跟鞋，在安静的教室里走动时发出"当当当"的声响；假设你在某校的公开展示活动中，看到两位同校的教师为了一件小事在争吵；假设你看到一位教师对满头白发的学生家长横加指责……你的看法是什么呢？

你觉得这些教师的行为是适当的吗？

那么，如果是在不公开的场合呢？你的想法有变化吗？

公开场合的不恰当行为，以一种令人触目的方式刺激着人们的思考。通常情况下，我们会认为以上这些行为是不恰当的，因为它和教育的特性与追求相悖。虽然有时做不到，但是我们会认为，教育是温和讲理而不是强制的；教师的穿着应该是与教育活动相适合的而不是花哨轻佻的；教师的态度应该是温文尔雅而非简单粗暴的……人们对于教育的认识以及对教师的看法，正是千百年来人们对教育、对教师的最美好的期待，也是最优秀的教师为人们立下的榜样，是良好的教育给人们留下的印象。

教育之为教育，从来都不只是教知识、教技能，而重点在于通过教知识、技能来育人，这正是"教育"的本意，即培植、抚育。也就是说，教育，从来都是正向的、向善向美的，那些向恶向丑的行为，虽然也能教人以知识、技能，却从来不能被称为教育。例如，教人"偷东西"的技能，不是"教育"；以羞辱、打骂的手段强迫学生去学"善的知识"，也不能算是"教育"。真正的教育，内容、形式、手段都是善的、美的，因而必定以美的、善的手

1　张铁道，苏学恕. 孩子心目中的好老师 [M]. 上海：华东师范大学出版社，2012：61.
2　张铁道，苏学恕. 孩子心目中的好老师 [M]. 上海：华东师范大学出版社，2012：61.

段去教真的、善的知识，正是在这个意义上，教育不仅是科学的，而且是道德的、审美的，而教师则是审美的、道德的教育的最重要的教育影响源、最重要的教育手段，教师是道德及审美的教育活动的最直接的诠释者，教师礼仪则是良好教育的重要体现。在这个意义上，教师的言行和礼仪就必须受到自觉关注，必须自觉提升，毋使其损害教育的真谛。

在人类教育史上，确实存在着既不科学，也不道德、不美好的"教育"活动，"学校成为儿童智慧的屠宰场"，强迫、惩罚、羞辱儿童甚至是常见的现象。这样的"教育"活动，从来不是教育的本义，也从不被认为是正常的。在这种情况下，教育是不善的、教师是不美的，师生关系是强制的。有些教师，穿着得体、言语文雅、举止文明，对待他人礼貌周到，但唯独对待学生时恶语恶言、表情满含憎恶。从根本上来说，这样的教师并不具备教师应有的礼仪。

因此，有人认为，礼仪只是外在的东西，无需讲究，只要真心对待学生、认真对待教育教学，就可以了。但是，这样的说法忘记了，外在的表现恰恰是内在修养的外化。一个以真心对待学生和教育的教师，绝不会粗暴地对待学生，也很难做出不恰当的行为。埃德蒙·伯克在《论弑君以求和平》中写道："礼仪比法律更重要，大部分法律条规都是基于礼仪形成的。自古以来，法律就与我们息息相关，而礼仪则更像我们呼吸的空气，它是那么平缓和谐，能够不着痕迹地让我们由恼怒趋向平和，从腐败走向纯净，让我们的素质日渐提升而不是走向堕落。礼仪全面渗透到我们的生活当中，为生活增光添彩。礼仪可以构建道德、提升道德，也能够彻底地摧毁道德。"[1]对于教师来说，礼仪更是教师对学生一片赤诚之心的外在表现。

（二）言传身教：教师礼仪是学生学习的榜样

张老师是一位高中物理老师，有着近十年教龄。课堂上的他，能用有趣的实验把枯燥的理论讲得有声有色，学生都特别喜欢他，亲切地叫他"锋哥"。学生喜欢他，自然在课下也有很多学生围着他，不仅谈物理，还谈新闻、谈旅游、谈动漫……无所不包。同学们觉得，课下的张老师比课上更风趣、更有魅力，无所不知无所不晓，简直就是高中生的人生航标啊。学生们还觉得，张老师一点都没有老师的架子，跟同学们打成一片，他的口头语更是让他和同学有着共同语言，让同学们喜欢得不得了；校外碰到张老师，张老师甚至会和抽烟的同学相互递烟，真是随和啊。

思考与讨论：

1. 张老师课下、校外的行为是一种拉近与学生关系的好方式吗？
2. 张老师的这些行为，可能会使学生有怎样的变化？
3. 如果是你的话，你会怎么做？

1　［澳］露辛达·霍德夫斯. 礼貌的力量. 王贤平，译. 北京：中信出版社，2010：22.

请将你的感想及同学们的观点择要进行记录：

_____

_____

_____

三、教师提高礼仪修养的主要途径

教师并不是天生的，也是普通人在后天的学习和实践中成长为一名教师的。因此，教师的礼仪与修养也需要不断地提升。

良好的教师礼仪并不是孤立和抽象的，而是活生生地展现在我们周遭的优秀教师身上，存在于描写优秀教师的书籍中，也存在于我们与学生、与家长、与同事、与同行的互动中接触中……可以说，教育生活中的每一个活动，都以正面或反面、积极或消极的方式提醒着我们对良好礼仪的关注。一个有心人，总会从种种迹象中观察到、模仿到、体验到良好的礼仪和修养对于教育活动的意义、对于学生成长的意义。

在这个意义上，可以说，教师提高修养的路径，主要有两条：

（一）阅读、想象与模仿

继承并内化优秀教师良好礼仪与修养，是新教师提高自己修养的重要途径。

🔊 名人名言

读书，读书，再读书，——教师的教育素养的这个方面正是取决于此。要把读书当做第一精神需要，当做饥饿者的食物。要有读书的兴趣，要喜欢博览群书，要能在书本面前坐下来，深入地思考。

——苏霍姆林斯基

阅读为我们打开广阔的世界，了解那些杰出的教师是如何对待学生、对待教育的。苏联教育家苏霍姆林斯基在《给教师的一百条建议》里，讲了这样一件事情：

不久前，在一所学校里发生过这么一件事。有一个学生，无论怎么也弄不懂，植物是怎样吸收营养，怎样呼吸的，怎样从幼芽里发育出叶子，怎样从花里结出果子的。生物教师经常提问他和刺激他："难道你连这么简单的东西都弄不明白吗？你究竟能干点什么呢？"在这个男孩子的心里，渐渐地对自己失去了信心。最基本的知识对他来说也变得复杂了，因为缺乏自信心像一堵墙一样挡住了他通向认识的道路。有一次上课时，生物教师说："再过几天，幼芽就要长出来了，我们全班都到长着栗树的林荫道去观察。在那里，要是阿辽沙还说不出别人都明白的东西，那时候事情就毫无希望了。"

生物教师很喜欢自己栽种的东西，他从种子培育出栗树的幼苗，再把这些小栗树排成一条林荫道。当全班学生来到栗树林荫道的时候，教师惊呆了：树上的幼芽全被剥掉了……学生们也垂头丧气地站在那里。而在阿辽沙的眼光里，一刹那之间露出幸灾乐祸的火花。

这个行为的背后隐藏着什么呢？是内心的深深的痛苦、屈辱，精神力量的突然燃烧和爆发。阿辽沙以此表示抗议。他感到，教师的话里含有恶意。而孩子是要以怨报怨的，有时候甚至做出奇怪的、荒唐的、毫无意义的事来。[1]

读了这段文字，你有什么感触。如果你是那位生物老师，你会怎么做？

苏霍姆林斯基说：

只有像监工那样有着一颗冷酷无情的心的人，他才会在给小学生打两分的时候，心里希望不懂教育学的家长对孩子采取粗暴的惩罚办法。我建议你，年轻的朋友：要像爱护最宝贵的财富一样爱护儿童对你的信任这朵娇嫩的花儿。它是很容易被摧折，被晒枯，被不信任的毒药摧残致死的。所谓要关心儿童的生活和健康，关心他的利益和幸福，关心他的完满的精神生活，这首先是意味着要爱护儿童对你的信任这朵娇嫩的花儿。儿童信任你，因为你是教师、导师和人性的榜样。你必须严格地、坚持地关心儿童，毫不妥协地反对我们的教育工作中那种对儿童漠不关心、冷酷无情的现象。

教师要有学习的愿望，要有对知识的渴求和理解智力活动的奥秘的志向，沿着这些小路攀登，才能使你到达教育技巧的顶峰——即师生之间心灵交往的和谐的境界。我想告诉你，年轻的朋友，一个极其简单而又极其复杂的教育秘诀。这个秘诀，对于热爱儿童的教师来说很容易掌握，而对于铁石心肠的人却是根本无法理解的。这个秘诀就是：只有教师关心学生的人的尊严感，才能使学生通过学习而受到教育。教育的核心，就其本质来说，就在于让儿童始终体验到自己的尊严感：我是一个勤奋的脑力劳动者，是祖国的好公民，是父母的好儿女，是一个有着高尚的志趣、激情和不断取得进步的完美的人。[2]

对于教师来说，礼仪的核心是对儿童的爱。但是，学生需要怎样的爱，教师又如何去爱

1　[苏联]苏霍姆林斯基. 给教师的一百条建议［M］. 北京：教育科学出版社，1984：407～408.
2　[苏联]苏霍姆林斯基. 给教师的一百条建议［M］. 北京：教育科学出版社，1984：316.

学生，这对新教师来说是难以把握的。但是，通过阅读杰出教师的文字，进入教育情境中去体会、理解学生的精神世界，这对于教师提高自己的修养，是一条捷径。

（二）教育实践与创造

现代社会是高速发展的社会，教育活动也在发生着巨大的变化，教师在教育教学中的作用也发生了巨大的变化。伴随着信息技术的广泛应用，在"百度一下，你就知道"的时代，教师不再是一个知识传递者的角色，而更多地表现为引导者、指导者和帮助者的角色。在这样的背景下，师生关系发生着变化，教师与学生的交往礼仪也发生着变化。如何在实践中生成新的礼仪，例如，如何了解学生，如何多途径与家长交流，借助信息技术进行交流时又有怎样的礼仪，等等，都需要由教师去实践、体会。这是教师作为知识分子对社会文化的重要贡献。

思考与讨论：你认为形成良好的礼仪还有哪些途径？请采访你身边的老师，并与同学讨论，并择要进行记录。

本章小结

本章主要对礼仪、修养等基本概念进行界定，在此基础上，区分了礼仪与修养、礼仪与礼貌、礼仪与教养以及礼仪与禁忌之间的联系与区别，说明礼仪的核心为"敬人"，礼仪是处理人际关系、从事社会生活的重要前提。相较于一般的社会礼仪，教师礼仪有着双重功能。它不仅润滑着教师与交际对象的关系，同时也为学生的礼仪学习及社会生活起榜样作用。因而，教师更需关注礼仪，自觉提升自己的修养。

教育不仅是科学的，而且是道德的、审美的，而教师则是审美的、道德的教育的最重要的教育影响源、最重要的教育手段，教师是道德及审美的教育活动的最直接的诠释者，而教师礼仪则是良好教育的重要体现。

总结 >

Aa 关键术语

礼仪 etiquette	修养 civilization	礼貌 courtesy	禁忌 taboo	教养 cultured

章节链接

链接所有章节。在后续学习中，希望能够不断回到第一章来思考。

应用 >

批判性思考

阅读以下材料，说说礼仪的意义与作用，并讨论什么是真正的礼仪。

《你必须精致才能得到一切》

作者 杨澜

1995年的冬天，如果我再找不到工作，灰溜溜地回国几乎成是唯一的选择。

可我再一次被拒绝了。想起那个面试官的表情，我非常想抓狂。她竟然说我的形象和我的简历不相符而拒绝继续向我提问。我低头看自己的打扮，很明显，因为穿着问题，我被她鄙视了。我发誓我可以用我的能力让她收回她对我的鄙视。但我没有得到表现我的能力的机会。

我的房东莎琳娜太太是一个很苛刻的中年女人。她规定我必须十二点之前熄灯睡觉，规定我必须在十分钟之内从浴室出来，规定我如果不穿戴整齐就不准进入她的客厅，不准我用她的漂亮厨房做中餐，她甚至规定我在她有客人来访的时候必须涂口红！

我非常讨厌莎琳娜这种所谓英伦女人的尊严。但所有人都说，莎琳娜是最好的寄宿房东。

我看不出她好在什么地方。就好比，当我很多次面试失败回来后，厨房里一点吃的都不会有。并且如果我上楼发出声音，她会站在卧室门口很大声地指责我。

我刚刚洗完头发，坐在床上一边翻看报纸的招聘信息一边吃我带回来的面包卷。这很违反了莎琳娜的原则。她冲上前来，一把夺过我的面包和报纸，用英文大吼：你这个毫无素质的中国女孩！你滚出我的家！

我于是披散着头发，在睡衣外裹上大衣冲出了门。

二十五年来，我以非常漂亮的成绩和能力一路所向披靡。从来没有人说我没有素质。

我们家并不贫穷，但二十五年来我的妈妈一直告诉我，能力才是最重要的。我不能明白以貌取人在这里居然成为一个正义的词语。这简直是对我二十五年的人生观的侮辱！

我愤怒地冲进一家咖啡馆。天气实在太冷。我也很饿。

咖啡馆里的人居然很多。侍者以一种奇怪的眼神把我引到一个空座位边。那是咖啡馆里唯一的空位。我的对面是一个英国老太太。她看起来比莎琳娜更加讲究，就像伊莉莎白女王一样尊贵与精致。我不由下意识地收起自己宽松睡裤下的穿运动鞋的脚。然后我看到她裙子下着了丝袜和漂亮高跟鞋的腿，以她这样的年纪，却仍然把这样的鞋子穿得非常迷人。

在欧洲的很多高级餐厅里，衣衫不整是被拒绝进入的。我想我能进来的原因大概是因为我穿了价值不扉的大衣。我不由得暂时收起自己的愤怒，说：给我一杯热咖啡。谢谢。

侍者走开后，对面的老太太并不看我。而是从旁边拿了一张便笺写了一行字递给我。是非常漂亮的手写英文：洗手间在你的左后方拐弯。我抬头看她，她正以非常优雅的姿势喝咖啡，没有看我半眼。我的尴尬难以言明。第一次觉得不被尊重是应该的。

我的头发被风吹得非常凌乱，我的鼻子旁边甚至还沾了一点面包屑！虽然我的大衣质地非常好，但我的睡裤被它衬得很老旧。我第一次有点看不起自己。这样的打扮，我有多不尊重自己，以致使别人觉得我也不尊重她们。我想起下午去面试时自己的日常便装，那应该也是对一个高级经理职位的不尊重吧？

当我再回到座位的时候，那个老太太已经离开了。那张留在铺了细柔的格子的餐桌上的便笺多了另一句漂亮的手写英文：作为女人，你必须精致。这是女人的尊严。

我逃也似的走出了那家咖啡厅。莎琳娜竟然坐在客厅里等我，一见我就对我说，我超过了十二点十分钟才回来，所以明天必须去帮她清洗草坪。我答应了她。并向她道歉。

我发现莎琳娜教了我许多同样有用的东西：十二点之前睡觉能让我第二天精力充足，穿戴整洁美观能让别人首先尊重我，穿高跟鞋和使用口红使我得到了更多绅士的帮助，我开始感觉自己的自信非常充足而有底气，我不再希望别人看我的简历来判断我是不是有能力。我最后一次面试，是一家大化妆品公司的市场推广。我得体的着装打扮为我的表现加了分。那个精致的干练的女上司对我说：你非常优秀。欢迎你的加入。

我没有想到，我的上司居然就是我在咖啡馆里遇到的那位英国老太太。她非常有名！是这个化妆品牌的销售女皇！

我对她说：非常感谢你。是真的非常感谢她。非常感谢她那句：作为女人，你必须精致。虽然她没有认出我。是的。没有人有义务必须透过连你自己都毫不在意的邋遢外表去发现你优秀的内在。你必须精致。这是女人的尊严。我在后来的后来，都一直记得！

✎ 体验练习一

1. 观看美国电影《教育的诗篇》。
2. 自由组成小组，讨论你们认为印象深刻的3个部分。
3. 说说教育与礼仪的关系。

✎ 体验练习二

1. 观看美国电影《热血教师》。
2. 至少找出3个可供讨论的部分，自由组成小组进行讨论。
3. 说一说电影中的班级除了学习上的变化外，他们的言行举止的变化对你有何启发？

🔍 案例研究

1. 分小组讨论《教育的诗篇》与《热血教师》的共同点。
2. 反思并讨论：一个讲究礼仪的教师应该是什么形象？永远不会生气、发火吗？
3. 反思并讨论：从《教育的诗篇》、《热血教师》两部影片，谈教养与礼仪的关系。

📝 教学一线纪事[1]

阅读以下文字，思考：新教师如何提升自己的修养，快速融入学校集体，成为一名合格的教师？

二十多岁的年轻人越来越多，为学校带来了蓬勃朝气，本该是件好事。可很快，一些老教师的质疑声此起彼伏：

"以前我们刚上班的时候，每天早上都是第一个赶到办公室，扫地、擦桌子、打开水都要抢在最前面。现在的年轻人，眼里没'活'，手慢脚慢，推一下才动一下……"

"以前我们年轻的时候，见到领导、同事大老远就笑脸相迎，主动招呼。

---

1 张滢. 为"80后"教师开个家长会［J］. 中国教育报，2010-10-08.

现在的年轻人，看见老教师到了面前也不打招呼，居然径直就走了……"

……

1983年出生、在学校已经工作6年的李恬平早就适应了忙碌紧张的教师生活，如今的他已经是学校的大队辅导员、教研组里的主力。回忆起刚工作时的情景，他仍记忆犹新："学校里，除了在招聘时见过校长和少数几位教师之外，很多老师都不认识。有时碰见了，怕喊错名字，不敢打招呼。可能这个时候，其他老师就会觉得我们没礼貌吧。"

压力归压力，自信是李恬平最强大的"武器"。"我觉得我们'80后'的情商都不低，我们乐于学习，乐于开口发问。我们和学生的年龄接近，更容易走进孩子的内心世界。"

1985年出生、工作两年的张念娇也遇到过和李恬平类似的尴尬。刚进学校，来到办公室，一切都很陌生。一拎水壶是空的，马上去找水房。可新来乍到，提着水壶到处转，也找不到地方。结果，被其他老师好心夺过水壶去水房打水，光顾了说"谢谢"，却不记得要跟去看看水房在哪里，闹了笑话。

"年级组长常说的一句话对我很有帮助，那就是'遇到问题，先笑一下'。"现在的张念娇，几乎每天上课时都会面临新的挑战，"对所学的内容，学生总会问出一些令我完全意想不到的问题，而我会勇敢地接受挑战，因为这正是教师职业的魅力所在"。

拓展 >

☕ 补充读物

1　朱熹. 四书章句集注·大学. 北京：中华书局，2013.

经朱熹编排整理的《大学章句》，是流传最广的《大学》版本。通过朱熹的注释，能够更深入地理解《大学》的"三纲领""八条目"的深刻内涵及其相互关系。

2　论语·乡党.

《乡党》是《论语》中的一篇，集中记载了孔子的容色言动、衣食住行，描绘了孔子正直、仁德的品格。阅读《乡党》篇，能够帮助我们理解礼仪的基本内容。

3　[澳] 露辛达·霍德夫斯.礼貌的力量. 北京：中信出版社，2010.

这本书的副标题是："从礼仪到人生态度"。这本书用幽默的语言、生动的实例向读者述说着礼貌对于有尊严的个人生活、文明的社会生活的重要意义。中译本很好地再现了原著的语言风格，读来轻松幽默，丝毫没有译本的艰涩感，值得一读。

4　［日］新渡户稻造. 修养. 北京：中央编译出版社，2012.

这本《修养》是为普通人所写的一本指导青年人精神修养的励志书籍，指导人们如何成为人格上的成功者。自1911年出版后，再版百余次，成为百年畅销书。译者文笔朴实，所译文字可读性强，值得一读。本书的扉页上写着这样一段话："自省而果断，即使贫穷内心也会满足，即使受到诽谤也会自得其乐，即使身陷逆境也会感到幸福，怀着感激之情度过每一天，这就是我讲解修养的目的。"

在线学习资源

电影《教育的诗篇》http://www.56.com/u36/v_Njk5NjgyOTc.html

第二章

历史文化脉络中的
教师形象及其内涵

本章概述

　　这一章描述与分析了历史文化变迁脉络中的教师形象及其内涵。教师圣贤形象的特征是以德服人、躬身垂范、师道尊严，其内涵是学而不厌、诲人不倦和安贫乐道。教师官僚形象的特征是走下圣坛，步入官僚体系，并且成为士大夫阶层的代表，其内涵一方面要行止端正、腹有诗书，忠于职守、服务民众；另一方面在发展过程中也体现出了教师从业者的怀才不遇和迂腐僵化。人民教师形象的特征是又红又专和敬业爱岗，其精神内涵是甘于清贫，甘于奉献；教师专业者形象主要呈现为"平等的首席"，其内涵是民主尊重的教学观以及协同发展的师生关系。

结构图

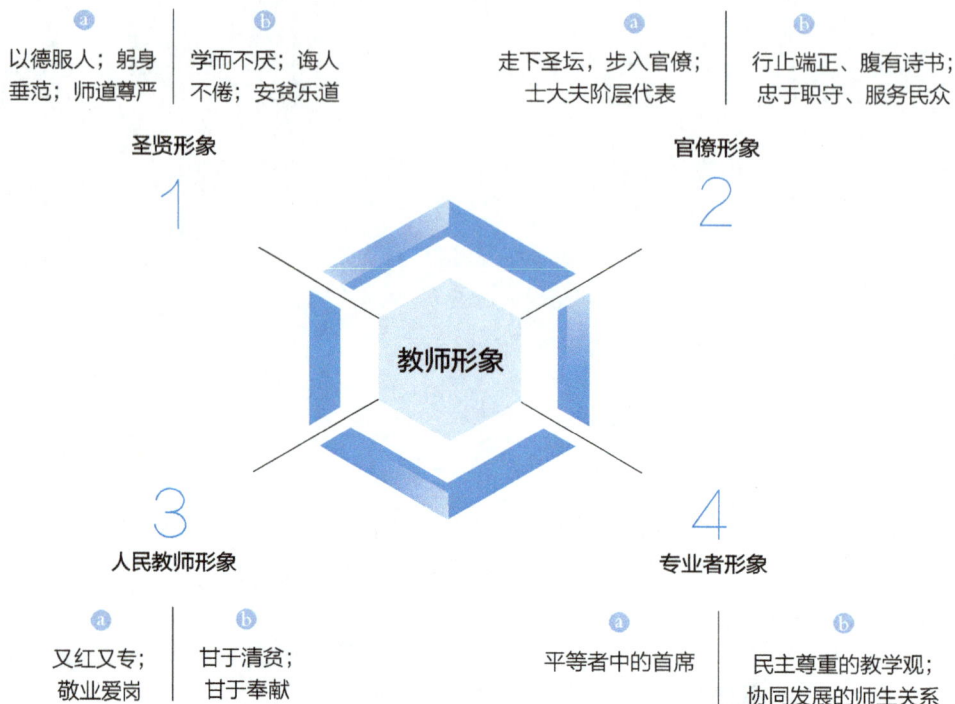

以德服人；躬身　　学而不厌；诲人　　　　走下圣坛，步入官僚；　　行止端正、腹有诗书；
垂范；师道尊严　　　不倦；安贫乐道　　　　士大夫阶层代表　　　　忠于职守、服务民众

圣贤形象　　　　　　　　　　　　　　官僚形象

又红又专；　　甘于清贫；　　　　　　平等者中的首席　　　　民主尊重的教学观；
敬业爱岗　　　甘于奉献　　　　　　　　　　　　　　　　协同发展的师生关系

人民教师形象　　　　　　　　　　　　专业者形象

学习目标

1. 了解教师形象的发展所经历的阶段性变迁。
2. 理解不同阶段教师形象的特征。
3. 理解不同阶段教师形象的内涵。
4. 理解教师形象发展的基本特点。

读前反思

　　老师每天都仿佛生活在一面镜子里，外面有几百双精细的、敏感、善于窥视出教师优点和缺点的孩子的眼睛，在不断地盯视他。世界上没有任何人受着这么严格的监督，也没有任何人能像教师这样对年轻的心灵产生如此深远的影响。

——加里宁

正如苏联教育家加里宁所说的这样，这"镜子里的教师"实质上就是孩童眼中鲜活的教师的形象，而一个个"镜像"中的教师构成了具有典型意义的"教师形象"。教师形象作为教师角色的社会期待以及自身角色行为的外化与表征，是一定历史条件和文化背景下，人们对于教师这一职业的职能、特点、行为所形成的一种较为稳固而概括的总体评价与整体印象，既反映出教师职业的固有特征和本性，也具有一定的文化性和时代性，是一种"继承"与"演变"的呈现。中国教师的形象正是历代教师在与其所生长与发展的社会文化不断互动而"构建"出来的，这些形象传承了以往的文化内涵，代表和践行着当下的文化特征，是社会文化与教育文化的一隅缩影。

现实的教师礼仪，与历史文化脉络中的教师形象以及这些形象所呈现出来的基本特征相辅相成，从而也共同构成了历史发展维度上的教师文化图景。因此，这一章将在梳理和总结历史文化脉络中的教师形象及其内涵的基础上，探讨当代教师礼仪构成的历史基因和时代特性。

第一节
教师圣贤形象的特征及内涵

🎯 **学习目标**

1．了解教师圣贤形象的特征是以德服人、躬身垂范、师道尊严。
2．了解教师圣贤形象的内涵是学而不厌、诲人不倦、安贫乐道。

📢 **名人名言**

> 凡学之道，严师为难。师严然后道尊，道尊然后民知敬学。是故君之所不臣于其臣者二：当其为尸，则弗臣也；当其为师，则弗臣也。大学之礼，虽诏于天子无北面，所以尊师也。
>
> ——《礼记·学记》

中国古代历来有尊师重教的传统，"建国君民，教学为先"（《礼记·学记》），是说政权稳定与国家管理离不开教师的教育活动；"一日为师，终身为父"（《鸣沙石室佚书·太公家教》）是崇敬教师、重视教师作用的教诲，这些传统思想都深刻体现出了早期教师圣贤形象的特征。

一、以伏羲、神农等为代表的传统教师圣贤形象的起源

所谓"圣贤"之说，源自传统儒学的理念，在儒学的信仰之中，生命的境界被分为圣人、贤人、君子、士人、庸人，"圣贤"即是圣人与贤人的合称，指品德高尚、有超凡才智的人。古代神话传说中有燧人氏教人钻木取火、有巢氏教人构木为巢、伏羲氏教人渔猎、神农氏教人稼穑的故事。在这些故事中，对伏羲、神农、黄帝、尧、舜等人物的塑造描绘出了最原始的教师形象。正是这些传说中的圣贤之人，使得教师形象具有了圣贤特质的文化源头。唐朝教育家韩愈所言"古之时，人之害多矣，有圣人者立然后教之以相生相养之道，为之君，为之师"（《原道》），意思是说，远古时候，人们的生存条件恶劣，有圣贤的人脱颖而出，教给人民如何战胜自然、生存下去的方法，这样的人便以教师的身份位居君王的地位，成为人们心目中的领袖和圣贤。南宋大教育家朱熹也论述过："一有聪明睿智能尽其性者出于其闲，则天必命之以为亿兆之君师，使之治而教之，以复其性。此伏羲、神农、黄帝、尧、舜，所以继天立极，而司徒之职、典乐之官所由设也。"（《大学·章句序》）这一观点从理学的角度出发，认为人天生具有仁义礼智的本性，但是这样的本性要依靠后天的教育来发展和完善，因此伏羲、神农、黄帝等圣贤就担当起了教育百姓的职责。可见，早期的教师文化是以圣贤文化为背景的，赋予了教师职责无比的神圣性，把教师的形象与人文初祖、圣人、国君等直接联系在一起。这是传统教师圣贤形象的起源。

神农氏采药教人稼穑

黄帝陵人文初祖的牌匾

二、以儒家学派为代表的传统教师圣贤形象的丰满

原始的教师圣贤形象在春秋和战国时期得到了丰富和完善，在这个阶段，特别是以日后统领汉族思想、文化两千余年的儒家学派孔、孟为代表的思想先贤，将教师的圣贤形象发挥

到了极致。[1]

（一）以德服人

这一形象的基础是"以德服人"。孟子说："以力服人者，非心服也，力不赡也；以德服人者，中心悦而诚服也，如七十子之服孔子也。"（《孟子·公孙丑上》），意思是说，靠外在的力量征服他人并不能让他人真心服气，只有以自身德性的力量才能使他人发自内心地折服，这就犹如孔子的弟子们对老师孔子的信服。"君子尊德行而道问学"（《中庸》），也是把有德之人奉为首善，是做人之本。同时，儒家学说本身也是把培养有德之人作为育人的一个主要目的，孔子十分欣赏弟子颜回，特别看重他的德行品格，他说："一箪食，一瓢饮，在陋巷，人也不堪其忧，回也不改其乐。贤哉，回也！"（《论语·雍也》）这种淡泊名利的神圣形象彰显了传统教师安贫乐道、清廉守节、无私奉献的道德品质，使传统教师的生命形象充满了德性的光辉。

（二）躬身垂范

这一形象的标志是"躬身垂范"。在儒家文化的背景下，传统教师享有超出一般教育学意义的至高政治伦理地位，被奉为礼的化身、道的代表、德的典范，教师以一种深沉、神圣的社会责任感和使命感自觉地充任起传统思想道德文化的传承者、示范者和践行者。[2]孔子说"其身正，不令而行；其身不正，虽令不从"，"不能正其身，如正人何？"（《论语·子路》），意思是说，当管教别人的人自身端正、做出表率时，不用下命令，被管教者也就会跟着行动起来；相反，如果自身不端正，而要求被管教者端正，那么，纵然三令五申，被管教者也不会服从。类似的表达还有"苟正其身矣，于从政乎何有？不能正其身，如正人何"？（《论语·子路》），大意是说，如能端正了自己，处理政事还有什么困难呢？如不能端正自己，怎么能纠正别人呢？这种将教书与育人、正人与正己并重，以自身的完善来垂范他人的传统教师形象具有崇高的社会尊严和声誉，显示出了巨大的人格魅力。

（三）师道尊严

这一形象的维护是"师道尊严"。沿袭了圣贤文化在起源阶段对教师身份所赋予的神圣性，教师形象的威严感得到了强化。《礼记·学记》有云："凡学之道，严师为难。师严然后道尊，道尊然后民知敬学。是故君之所不臣于其臣者二：当其为尸，则弗臣也；当其为师，则弗臣也。大学之礼，虽诏于天子无北面，所以尊师也。"意思是说，凡是为学之

1　张宁娟. 中西教师文化的历史演变［J］. 教师教育研究，2006.3.
2　阮成武. 论传统教师形象的现代重塑［J］. 教育科学研究，2003.1.

道，以尊敬教师最难做到。教师受到尊敬，然后真理才会受到尊重；真理受到尊重，然后民众才懂得敬重学习。所以国君不以对待下臣的礼节来对待下属的情形有两种：一种是在祭祀中臣子担任祭主时，不应以下臣之礼来待他；另一种是臣子当君主的老师时，也不应以下臣之礼来对待。在大学的礼仪中，做老师的人虽然接受国君的召见，也不必按臣礼而面朝北，这是为了表示尊重教师。儒家学说的重要代表人物荀子更是强调了教师要成为礼仪的化身，

孔子"万世师表"像

具有绝对的权威，所谓"言而不称师谓之畔，教而不称师谓之倍。倍畔之人，明君不内（纳），朝士大夫遇诸途不与言"（《荀子·大略》）。意思是说，言谈教化中不敬重师长的人就是背叛之人，不可受到启用，也不可相交。这种师道尊严的教师形象同儒家学说一贯推崇的家族化、宗法化的价值取向一脉相承，对于充分发挥教师教书育人的作用，激励教师自尊、自强以维护教育活动的神圣感和教师职业的尊严感发挥着积极的作用。

三、教师圣贤形象的基本内涵

可以说，教师圣贤形象的基本内涵奠定了整个中国传统文化中教师形象发展的基调，成为中国教师文化当中的精髓部分，中国教师形象的历史演变无一不是在这一基本内涵基础上的发展与丰富。

（一）学而不厌

早在先秦时代，就有了著名的"教学相长"的教育思想。《学记》中概括道："学然后知不足，知不足然后能自反也，知困然后能自强也。故曰教学相长也。"明确地指出，教师要不断地学习，方能不断地提高自己的教学水平。作为圣贤文化教师代表的孔子，自"十有五而志于学"（《论语·为政》），一生重视勤学不怠，孔子认为"德之不修，学之不讲，闻义不能徙，不善不能改，是吾忧也。"（《论语·述而》），强调不修养、不学习、不进步的行为是最大的忧患。事实上他本人就是学而不厌的典范，五十岁还在刻苦钻研《易经》，留下了"韦编三绝"[1]的佳话。孔子倡导"发愤忘食，乐以忘忧，不知老之将至云尔"（《论语·述而》），树立了教师终身乐学好学的典型形象。这一点也被后世的思想家、教育家们从教师

---

1 翻阅的次数太多，以至于连编竹简的皮绳都翻断了多次。

自我知识储备的角度进行了充分的强调和解读。例如，明清之际的教育家王夫之认为"夫欲使人能知之，能决信之，能率行之，必昭昭然知其当然，知其所以然，由来不昧而条理不迷。贤者于此，必先穷理格物以致其知，本末精粗晓然居住于心目，然后垂之为教"（《四书训义（卷三十八）》），就是要求教师要学而不厌、博古通今，否则作为教师对所要传授的内容"昏昏然"，大义不知其纲，微言不知其隐，是不配当人师的。[1][2]

（二）诲人不倦

孔子认为对学生、对教育要本着"仁者，爱人"（《孟子·离娄下》），"爱之，能勿劳乎？忠焉，能勿诲乎？"（《论语·宪问》）的原则勤勉育人，乐而不倦。因此，孔子自谦地感叹说，"学而不厌，诲人不倦，何有于我哉！"（《论语·述而》），从而塑造了对学生、对社会富有高度责任心，热爱教育工作的教师典范。这一形象深刻影响了后世的师者和教育家。例如，南宋一度被定为"伪学之首"的朱熹，面对强大的政治压力，毕生著述、讲学从未停止，曾长期在福建武夷山的"寒泉精舍""武夷精舍"授徒讲学，并先后主持修复了江西庐山的白鹿洞书院和湖南长沙的岳阳书院，一生讲学五十余年，受教的学生数千人；明清时期的教育家王夫之讲学常常不顾病疾，夜半授教至鸡鸣。

（三）安贫乐道

卢梭在其教育著作《爱弥儿》中表达过这样的观念："有些职业是这样的高尚，以至于一个人如果是为了金钱而从事这些职业的话，就不能不说他不配这些职业……教师所从事的，就是这样的职业。"事实上，这一观念同中国传统教师文化中的"圣贤性"有着高度的相似。

首先，这一圣贤性是同"义利观"联系在一起的。义和利的问题，讲的是道德原则和物质利益的关系问题。义，一般地是指合乎正义和公益的或公正合宜的道理或举动；利，就是指物质利益。见利思义是中国传统道德中的一条基本行为准则，被视为中华民族重要的传统美德。见利思义，不是一般地反对"利"，而是指见到利益，应首先想一想符不符合道义，该取的可以取，不该取的不应据为己有。以孔孟为代表的儒家学派所推崇的是重义轻利。孔子说，"君子喻于义，小人喻于利"（《论语·里仁》），"不义而富且贵，于我如浮云"。（《论语·述而》）；孟子继承了孔子的观念，甚至于主张能够舍身而取义，"何必曰利，亦有仁义而已矣"（《孟子·梁惠王上》），"生，亦我所欲也。义，亦我所欲也。二者不可得兼，舍生而取义者也"（《孟子·告子上》）。可见，为了做合乎道义的事情而舍弃物质利益的态度与

1 孙培青. 中国教育史［M］. 上海：华东师范大学出版社，1982：485.
2 范占江，李湘沅. 论道德示范的理论基础［J］. 华南大学学报，2006（4）.

行为是传统的儒家文化倡导的精神。

在传统的儒家文化当中，教书育人是神圣的事业，甚至是一种人生的信条，孟子将"得天下英才而教育之"（《孟子·尽心上》）视为人生的三乐之一，因此，"安贫乐道，恪守事教"自然也就成为这一文化背景下的教师的必然品格，"忧道不忧贫"（《论语·卫灵公》）自然也就成为教师需要遵循的典范。由此，也就不难感受到圣贤文化背景下中国古代教师形象的"圣人"气息。[1]

✎ 角色体验

我国传统文化中以"师道尊严"为代表的教师圣贤形象贯穿了教师文化发展的过程，因此当今教师形象的表现中依然体现着师道尊严的基本特点，例如中小学校的开学典礼和毕业典礼上，往往都有着学生或学生代表向教师行礼、献礼等的仪式环节。请您设想自己是一名中小学教师，在接受学生行礼或献礼的场景下，内心会升腾起怎样的神圣感以及此刻你会有什么样的礼仪行为表现。

第二节
教师官僚形象的特征及内涵

🎯 学习目标

1．了解教师官僚形象的特征是走下圣坛、步入官僚，成为士大夫阶层的代表。
2．了解教师官僚形象的内涵是行止端正、腹有诗书，忠于职守、服务民众等。

📢 名人名言

粗缯大布裹生涯，腹有诗书气自华。

——苏轼

我国有着漫长的封建社会的发展史，具有封建专制主义中央集权国家的基本性质。社会的基本运行是以古代封建官制作为依托的，即在皇帝之下设置的中央官制与地方官制上下两级的官僚系统。中央政府作为皇帝的辅政机构，主要设置宰辅、宰相及负责各方面事务的政务机构；在地方上，建立了一整套由中央层层

---

1 蒲阳. 教师形象的理想境界与现实回归——从古今教师形象界定谈起［J］. 遵义师范学院学报，2003（6）.

统摄的严密的地方统治机构。同时，为保证各级官僚机构有充分的人选及各级官员对皇帝尽忠尽责，还配备了一套比较系统、完备的官吏选拔及职官管理制度。中国古代传统教育就是在这样的社会官僚文化背景下得以发展和变迁的，也就具有了一系列教育官僚文化背景下的教师形象及其内涵的演变。

一、以古代官学、私学教师为代表的传统教师形象的演变

（一）教师形象演变的教育背景

早在奴隶社会阶段，教育活动已经成为国家的重要事务，担负着培养贵族子弟、造就统治人才和传递社会文明的职责[1]，教育者也从原始社会中的"圣人"逐渐转变成掌管教化的政府官员。在商周时期，学校的种类和数量都有所增加，已然建立起了中央官学（国学）和地方官学（乡学）的两级官学系统的雏形，为随后封建社会国家教育系统的发展打下了基础。这时的教师尽管队伍扩大了，但是并未成为单独的社会职业，而是由政府官员来兼任，史学家称之为"官师合一"，与之相一致的还有"学术官守""学在官府"。

到春秋战国时期，王权衰落，"国乱，人废学业"，国学和乡学都难以维持，日趋衰废，文职官员（教师）也在社会的动荡中四方流散。由此，一大批有文化的人从国家政体中脱离出来自谋生路。其中一条重要的出路就是创办私学。于是，"学在官府"的局面被打破了，原先由国家和贵族垄断的文化学术开始向社会下层扩散，出现了"天子失官，学在四夷"的历史现实，私学现象产生了。私学本身是文化下移的产物，而私学的兴起又进一步促进了文化的下移，为日后造就中国文化传统中庞大的知识分子阶层（士）打下了基础。同时，这一时期私学的自由讲学、自由传授之风也促进了各学派的形成，迎来了百家争鸣的时代，教师人数得以发展和壮大。管子还专门写了一篇《弟子职》，讲学生入学受业事师之法。

秦始皇统一六国，终结了百家争鸣的时代，以法家思想治国，在教育上实行以法为教、以吏为师的政策，严厉禁止私学，人为地将官与师结合起来，但使专职教师的发展受到了打击。汉代借鉴了秦朝速亡的教训，在汉初实施"休养生息"的政治思想，允许私学和私人藏书。刘邦曾下《求贤诏》，让天下人看到读书做官的希望，从而刺激了民间私学的发展，汉代的许多经学大师，例如伏生、韩婴等，就是以教师为业，一边教学，一边钻研。到汉武帝时期，推崇儒家学说，设置官职五经博士，并诏令为博士官置弟子带学生，使博士成为一种以教学为主要职能的学官，可以说是当时官学体系里最高级别的专职教师了，由博士及其弟子们所组成的学校就是汉代最高的学府——太学。除太学外，鸿都门学

---

1 蒋纯焦. 中国传统教师文化趣探［M］. 上海：上海人民出版社，2012：3.

和官邸学也都属于官学，同时还设有地方官学，官学中的教师有相应的行政级别，待遇优厚，但是人数较少。与此并行的就是私人办学。私人讲学的风气在两汉比较盛行，层次较高的有经学馆，那些得不到从政和任博士机会的大量经师大儒往往自己创办经馆任教师，董仲舒、王充、马融等都是著名的经学讲师，而层次较低的就是私人办的书馆，主要教授识字、书法和儒学基础内容。

可以说，汉代教师的职业类型基本上奠定了之后中国传统教师职业的基础，也就是并行的官学教师和私学教师两种。官学教师又分为中央官学教师和地方官学教师两种，尊崇"学而优则仕"的发展导向；私学教师则分为初级和高级两种，初级教师进行启蒙教育和基本的读写训练，高级教师进行经学研究和应举教育（唐宋以后）。官学教师是整个官僚体系中的一员，其资格任用、岗位职责、待遇地位等都遵行官僚制度的相关规定，并且能够获得在官僚体系内晋升的机会，例如地方最高行政长官等。这一特性自然也就成为官僚文化教师形象形成的重要因素。

隋唐是中国封建社会发展的鼎盛时期之一，文化教育方面有了很大的发展，其中科举考试制度的建立为社会下层民众打通了一条由读书应举而进入国家官僚系统的渠道。科举考试激发了人们求师问学的积极性，扩大了教育需求。大教育家韩愈就曾通过《师说》一文专门论述教师的作用与功能，极力倡导人们求师问道。特别是到了宋代，随着活字印刷术的发明以及书院等教育组织形式的兴盛，官学和私学系统都得到了发展和完善，教师的队伍也得到了扩大。明清两代，也分别是以"治国以教化为先，教化以学校为本""兴文教，重经术"作为文教政策的基础，教师职业的社会需求性得到了发展，这其中民间社会大量的私塾教师成为教师群体中不可忽视的部分。

但是，应举成为教育的主要目标导向，科举考试的内容也就成为教育的主要内容。从教师这一职业的发展来看，也总是伴随着科举考试的影子——一方面教师的职责主要是教学生应试，另一方面又有大量的教师本身就是科举考试落第的文人。因此，教师自身的形象也具有了多样性，有的仅以教书为业，"不屑仕进，耻事权贵"；有的以"不与时俯仰"半隐居的生活状态教授生徒；有的当朝大夫以"传道授业"为儒者要务；更多的则是屡试不第，为养家糊口而"教授乡里"。[1]

（二）教师形象演变的主要特征

1. 走下圣坛，步入官僚

如前文所述，在我国，自产生学校以来，就保持了"学在官府"的传统，特别是当科举考试成为选士、做官的唯一途径之后，无论官学或是私学在很大意义上成为科举考试的

1 蒋纯焦. 中国传统教师文化趣探［M］. 上海：上海人民出版社，2012：7~21.

附庸，"学而优则仕"则成为封建社会里教育孜孜以求的目标。从教师这一职业发展的角度来看，从教者大多与官僚体系有着密不可分的联系，有的教师本身就是学官，拥有一定的官衔，由政府任命并有特定的名称及等级，享有官府俸禄。但是，官学体系内的教师人数有限，并且随着各朝各代政府对教育重视程度的不同发展沉浮不定。另外一部分是热衷学术、兴办私学的有学之士，例如朱熹、王阳明等人。这一类教师同官僚体系有着类似剪不断、

"学而优则仕"

理还乱的联系，他们在与官场的若即若离中求得自身的发展和理想、抱负的实现。还有一部分教师就是那些在乡间私塾从事基础启蒙和经学教育的塾师，他们大多是在科举考试中屡试不中的秀才，是我国封建社会数量最多、分布最广的教师群体。[1]可以说，这种官僚文化背景下的教师已经褪去了早期中国传统文化中赋予教师的神圣性、圣人性，从教师身份、教育目的和个人社会价值观的角度体现出了其官僚性意味。

2. "士大夫"阶层的代表

士大夫旧时指官吏或较有声望、地位的知识分子。在中世纪，通过竞争性考试选拔官吏的人事体制为中国所独有，因而形成了一个特殊的士大夫阶层，即专门为做官而读书考试的知识分子阶层。提出"士"的理论标准的是孔子。子贡问："何如斯可谓之士矣？"孔子答曰："行己有耻，使于四方不辱君命，可谓士矣。"（《论语·子路》）这就是说，只要严于律己、忠君爱国的人就能称为"士"。"士"的德行修养要比儒家学说力图培养的"君子"略低，也可以说"士"是有志于成为"君子"的人。汉代的董仲舒说服当时的汉武帝实行"罢黜百家，独尊儒术"的政策，从此，儒家学说开始成为以后各代中的主流哲学（尽管儒学在各代的地位和受重视程度不同）。宋代以后，随着科举制度的完善，文化考试成了做官的唯一合法途径，"万般皆下品，唯有读书高"开始成为读书人信奉的格言。大多数士大夫都怀有"先天下之忧而忧，后天下之乐而乐"（《岳阳楼记》）的崇高道德使命感。因此，政治是他们人生的第一要务；同时，政府官员也必须是饱读儒家诗书经典的文化人。这就从政治制度上保证了"士大夫"群体必然是一个精英知识分子阶层。从这些特征来看，我国封建社会里官学系统中的教师，特别是中央官学机构里的教师，是这一阶层中的典型代表。

---

1 张宁娟. 中西教师文化的历史演变 [J]. 教师教育研究，2006（3）.

二、教师官僚形象的基本内涵

（一）行止端正，腹有诗书

我国培养教师的著名高等学府北京师范大学的校训是"学为人师，行为世范"。这一校训反映了在儒家文化影响下我国对教师形象的诉求。教师职业不但要教给学生知识和技能，更要培养学生良好的道德修养，而且自身要成为学生的榜样。各朝各代的教师，特别是官学教师不仅要求其在学术上有一定的造诣，也要求其德性为人所称道。以宋朝为例。宋朝从地方推选官学教师，其核心标准就是"文行为乡里所称"。再以明朝为例。明朝的开国皇帝朱元璋曾对地方官学的教师劝诫说："尔等年方壮盛，虽职在教人，由当自修。自修之道，又当常存谦抑不可自满。"要求教师要注重德、行的修养，对于高级别中央官学的教师更是要求不仅自身要"行为世范"，还要积极参与国家政策制定的讨论，起到表率的作用。有一次退朝之后，朱元璋召儒臣谈论治国之道，大家畅所欲言，只有两位国子监学官沉默不语。朱元璋极不高兴，把他们给贬了。之后，在下发给国子监的"通报"中说：身为人师，应该"模范其志，竭胸中所有，发世之良能，不隐而训……"。

对于那些低级别的官学教师以及广大的私学教师，也同样主要是以行为举止端正为首要的衡量标准。以元代为例，在孔齐的《至正直记》中记载："村馆先生，惟乡中有德行者为上，文章次之。不得已则容子弟游学从师，求真实才学者，亦在德行为先也。"清朝参与过洋务运动的大臣丁日昌在其所著的《抚吴公牍》中的"社学章程"里，第一条就讲塾师"务须植品端方之庠生，始准延订；其素行不谨者，虽有文才，不得滥举充数"[1]。

行止端正不只是对品行的要求，同时也要求形态举止要端正大方。历史上著名的教育家北宋时期的胡瑗就非常重视为师为学的仪态。在教学上，胡瑗创立了一套独特的"苏湖教法"，同时在育人过程中非常注意言传身教，并规定师生之间的礼节。胡瑗自己常常"以身先之"，例如即使盛夏之季，他也依旧公服端坐堂上，决不稍懈。有一次，学生徐积初次见胡瑗，头稍稍有些偏了，他就直呼"头容直"，这使徐积从中受到教育，时刻警示自己不仅要仪态端庄，更应该注意自己的心地正直。在规章明、要求严的情况下，胡瑗的弟子"皆循循雅饬"（欧阳修语），"衣冠容止，往往相类"，外人一看即使不认识也知道是胡瑗的弟子。

宋代文豪苏轼描摹过饱读诗书、气质潇洒的文人君子形象——"粗缯大布裹生涯，腹有诗书气自华"（《和董传留别》），指一个人读书读得多了，就会自然而然地受书本内容影响，一言一行依书而为，形成读书人所特有的重"礼"之言行举止。这一描摹自然也适用于学识丰富的教师形象，也就是说官僚文化背景下的教师将饱读诗书作为自我修养的要旨，即使不

1　蒋纯焦. 中国传统教师文化趣探［M］. 上海：上海人民出版社，2012：100.

需要刻意装扮也会自带一股丰盈而实美的书卷之气。

（二）忠于职守，服务民众

我国封建社会的教师们尊崇着传道、授业、解惑的教师职责，无论是官学体系还是私学体系内的教师都还是以忠于职守、服务民众作为形象追求的目标的。孔子实施开门办学、有教无类；韩愈力改耻为人师之风，广招后学，强调了求师的重要性，指出"人非生而知之"，提出了"道之所存，师之所存"的命题，认为只要是有学问的人就是自己的老师，可以说是孔子"举贤"、老子"尚贤"思想的发展，也是对封建贵族选人唯贵、用人唯亲的腐朽思想进行的批判，促使教育面向更多的民众。当然更不乏像王守仁辞官讲学、广收门徒的教师形象。

与此同时，那些在最底层的乡间私塾从事基础教育的塾师们，更是树立了"服务乡里"的文化人形象。官僚文化背景下的私塾教师主要是以屡试不中的秀才们为主的，这些或可称之为小知识分子的教师群体才是底层劳苦大众可以直接接触到并与之打交道的"文化人"，他们往往在教书的同时还承担了民间社会调节剂的作用，例如调解息诉、平衡纠纷、教化劝善等，为地方社会提供力所能及的文化知识方面的服务。

在秉持师道尊严和行止端正形象的基础上，这一阶段教师的形象在很大程度上继承了圣贤文化背景下教师"安贫乐道"的精神衣钵，把"重义轻利"作为自己所追求的"君子所为"。明末著名的理学家刘宗周讲过关于北宋丞相王曙父亲的故事，说其在乡间"训诲童蒙，必尽心力，脩脯（学费）不计。每与同辈论师道曰：'天地君亲师五者并列，师位何等尊重？后生以师师我，则终身成败荣辱，据我任之。若不尽心竭力，误人子弟，与庸医杀人等罪'"（《人谱类记》）[1]，可见即使是那些社会地位低下的初级阶段的私学教师，也把忠于职守、安贫乐道作为教师职业的一种"道"之坚守。再比如清末举人刘大鹏在乡间做塾师的时候尽管收入几乎无法糊口，但是当东家未言明就将束脩（学费）由一百金添至一百二十金的时候，他"坚辞不授，只受百金，以东家诱我以利欲玷我之品也"[2]。可见传统"道义"是官僚文化背景下教师忠于职守、服务民众的价值核心力量。

（三）怀才不遇，迂腐僵化

我国封建社会官僚文化背景下的教师，从数量上来看，官学体系里的教师编制是很有限的。以明代官学为例，中央官学的博士、助教、学正、学录等有明文规定，如国子监的博士为3人，助教为16人；地方官学府学设教授，州学设学正，县学设教谕，俱为1人，相当于校

1　蒋纯焦. 中国传统教师文化趣探［M］. 上海：上海人民出版社，2012：113.
2　叶菊艳. 中国教育中教师身份的构建［M］. 香港：香港中文大学，2011：84.

长；各学还有训导，府学4人，州学3人，县学2人。[1]因而普遍意义上的教师群体是官学体系外的广大教师。而这一部分教师往往都是在官场上不得志的，如《红楼梦》所写贾雨村做黛玉的教师，就是中了进士、放了官又丢了官，才到林如海家教家馆的；或者是名落孙山未能进入官场以展仕途的知识分子，像《儒林外史》第二回所写汶上县薛家集的周进。因此，这些教师也就往往表现出怀才不遇的情绪状态。特别是到了明清时期，科举考试规定了一种特殊文体——八股文，专讲形式、没有内容，文章的每个段落死守在固定的格式里面，连字数都有一定的限制，人们只是按照题目的字义敷衍成文，这样的"考试指挥棒"，不仅束缚、僵化了考生的思想，同时也使得广大的教师"两耳不闻窗外事，一心只教圣贤书"，竭尽精力钻研八股文的写法，对社会实际缺乏了解和辨析，甚至对人情世事缺乏洞悉，从而成为迂腐守旧的化身。例如，清代著名世情小说《快心编》中提到的塾师刘知州，远行遇雨，心想"宁可湿衣，不可乱步"，于是在大雨中一摆一踱，又不到屋檐下避雨，结果被雨淋得像落汤鸡一样，招人耻笑。明冯梦龙著的《广笑府》以及清代著名的《笑林广记》等文学作品中，都塑造了许多迂腐僵化、滥竽充数、贪财虚伪的教师形象，从一定的角度反映出了教师形象发展到这一历史阶段的现实。

✎ 角色体验

以"行止端正，腹有诗书"为代表的士大夫教师形象在中国教师文化发展的过程中也奠定了教师形象的一个基石。因此，"腹有诗书气自华"也就成为当今教师确立职业形象的一个重要精神特点，今天对教师仪容仪表的种种规定与要求就是在新时代的意义下对当代教师"气自华"的解读与表现。请您体验，假如您是胡瑗先生"穿越"到现在的一名现代教师的化身，您会怎样通过自己的行为举止、仪容仪表身体力行地为您的学生做出榜样？

1　蒋纯焦. 中国传统教师文化趣探［M］. 上海：上海人民出版社，2012：22.

第三节
人民教师形象的特征及内涵

🎯 **学习目标**

1. 了解人民教师形象的特征是又红又专，敬业爱岗，痴迷工作；
2. 了解人民教师形象的内涵是甘于清贫、甘于奉献。

🔊 **名人名言**

没有爱就没有教育。

——顾明远（北京市"人民教师"称号获得者）

尽管生活清苦，绝大部分教师以为国分忧为荣，以为民吃苦为乐，情系祖国未来，心付颗颗童心，以自己的辛勤劳动表达着对人民教育事业的忠诚。许多教师甘心情愿在这住房条件差、额外收入少、耗心费神的学校工作着，甘心情愿当这许多人瞧不起的"孩子王"。

——魏书生

中华人民共和国的成立使中国的教育发展步入了一个新的阶段，教师的社会地位、条件待遇、社会期待等都不断地随之发生着变化，教师的形象不仅"遗传"着从圣贤形象、官僚形象中带来的特点，同时也被刻画上了时代的"烙印"，做"忠诚党的教育事业"的"人民教师"、做人民服务的公仆，这一时期是中国现代教师形象发展过程中的一个重要代表性阶段。

一、以"人民教师"为代表的现代教师形象的发展

在新中国成立之初召开的全国教育工作会议上，确立了新中国教育工作的目标是"为人民服务，首先为工农服务，为当前的革命斗争与建设服务"，这一延续了革命根据地时期的教育工作目标则"规定"了教师应该是"人民"的教师，应该服务于人民，服务于革命斗争与建设，"人民"就是革命的群众，教师不能躲在书斋里孤芳自赏，也不能一味地待在学校里只管教学，还必须要深入群众承担一定的社会教育的作用。在后来的演变中，经历了阶级斗争的洗礼，"人民教师"的职责清楚地呈现为"自觉地培养革命的后代，忠诚党的教育事业，把毕生精力献给培养革命接班人的事业"[1]。"文化大革命"期间，教师沦

1　斯霞. 我的教学生涯［M］. 上海：上海人民出版社，1982：17.

为"臭老九"[1]。20世纪80年代阶级斗争结束后，随着国家大力提倡尊师重教，"人民教师"又逐渐被理解为对教师的尊称，1992年"人民教师"成为中国教师荣誉奖励制度中的最高称谓。

二、"人民教师"形象的主要特征

（一）又红又专

所谓"又红又专"是自毛泽东时代至邓小平时代都强调的对知识分子的要求。"红"是指具有马克思主义世界观、坚定的无产阶级立场和高尚的道德品质，具体表现为全心全意为人民服务的思想；"专"是指专门的业务和技能，具体表现为全心全意为人民服务的实际本领。又红又专是要求人们坚持思想道德和科学知识技能的统一，既要努力用马克思列宁主义武装自己的头脑，坚定无产阶级政治信念，又要努力学习科学文化知识和专业技术，尽可能多地掌握为人民服务的本领，成为既有共产主义觉悟又有专门知识技能的红色专家，而教师要成为又红又专的知识分子的代表，要有坚定的社会主义信仰，坚决贯彻和落实党的教育方针，同时要有过硬的教育教学的业务水平。在这期间，还借鉴了苏联的说法，将"人类灵魂的工程师"引入以树立人民教师的形象。1951年《人民日报》的一篇社论中明确指出，教师作为人类灵魂的工程师，要严格要求自己，改造思想[2]，使自己能真正称得上"人民教师"这一又红又专的称号。这其中的一个代表人物就是斯霞。

斯霞（1910—2004），出生于浙江诸暨，1922年就读于杭州女子师范学校，毕业后先后在浙江绍兴、嘉兴、萧山、杭州及江苏南京等地小学任教。1932年起在中央大学实验学校小学部（南京师范大学附属小学前身）工作，后分别在南京师院附属小学等多所学校任职。新中国成立后斯霞加入中国共产党，把毕生的精力献给了基础教育事业，她曾被评为全国"三八红旗手"，小学特级教师，当选过全国人大代表、江苏省劳动模范、全国劳动模范。她在日记中写道："当我在党的教育下，逐步树立了一切为着孩子的成长，一切为着祖国的未来这样的信念时，我千方百计地去钻研我的工作，如饥似渴地去补充我的知

斯霞肖像

---

1 "臭老九"之说最早可追溯于赵翼《陔余丛考》："元制，一官，二吏，三僧，四道，五医，六工，七匠，八娼，九儒，十丐。"儒就是读书人，社会地位为老九，仅比乞丐的地位略高一点。可见在蒙元朝代，读书人如果能通过科举考试得到一官半职，社会地位就会青云直上，否则就处于社会的底层。"文化大革命"中以阶级斗争为纲，斗争的对象是地主、富农、反动派、坏分子、右派、叛徒、特务、走资派，还有知识分子，知识分子排在斗争和改造对象的第九位，老九的地位如此卑贱低下，因而在老九的前面往往冠以"臭"字，呼作"臭老九"。

2 刘云杉. 人类灵魂工程师考辨［J］. 北京大学教育评论，2006（1）.

识，再苦、再累也心甘情愿，有了这个信念，个人的安逸、家庭的幸福，如有必要，我都能牺牲；有了这个信念，什么样的屈辱我都能忍受，什么样的磨难我都不怕；有了这个信念，所有那些瞧不起"孩子王"、瞧不起小学教师的世俗观念，都不能使我动摇，我都可以像抹去一缕蛛丝一般地把它丢在一边……有了对所从事的工作的执着的热爱，再平凡的岗位也可以做出不平凡的贡献。"

（二）敬业爱岗，痴迷工作

应该说中华人民共和国成立之初，千疮百孔，百业待兴，在政治宣传的领域是以勤俭节约、朝气蓬勃、全身心投入国家建设为基调的，这也深刻地影响到了教育领域内的政治宣传，必然要求人民教师在人力、物力、财力都极端匮乏的情况下敬业爱岗、痴迷工作。这期间苏联爱国主义影片《乡村女教师》由中央电影局上海电影制片厂于1950年7月译制上映，讲述了一名平凡的乡村女教师经历了大半生的时间最终桃李满天下的

《乡村女教师》海报

故事，展现出了不平凡的教育精神和教师形象。作为苏联的经典电影，该片曾经感动和影响过全世界许多地方的人们，在当时中国开展社会主义国家建设的火红年代里，这一敬业爱岗、痴迷工作的教师形象鼓励了一代中国的年轻人，投身到教育事业的广大天地中。虽然"文化大革命"十年浩劫把教师的尊严与形象损害殆尽，教师不仅被称为"臭老九"，甚至遭受迫害，但是在"文化大革命"以后，教师职业的光荣性不断受到强化，广大教师也正是通过自己敬业爱岗的教育工作恢复了整个社会尊师重教的良好风尚。伤痕文学的代表作《班主任》中塑造的教师形象张俊石，正是这一类教师形象的写照。1985年，第六届全国人大常委会第九次会议通过了国务院关于建立教师节的议案，会议决定将每年的9月10日定为教师节。

三、人民教师形象的基本内涵

"甘于清贫，甘于奉献"可以说是人民教师形象的基本内涵。现代教师的这一形象既是教师们基于现实而做出的价值选择，也是对中国古代安贫乐道的教师文化传统的继承。人民

教师被形容为"孺子牛"[1]，意指那种"吃的是草而挤出的是奶"的奉献精神；被形容为"园丁"，意指只问耕耘、不问收获的精神；被形容为"春蚕"，是借用唐代诗人李商隐的诗句"春蚕到死丝方尽"，以拟人化的手法意指无畏执着的奉献品质；被形容为"蜡烛"，意指牺牲自己，照亮他人，从而使人联想到教师用智慧与品格之光为学生照亮前程的精神；也被形容为"人梯"，意指教师为了学生的成功而做出了无可计算的自我牺牲。有相当的文学艺术作品反映着人民教师形象的这些内涵，例如被誉为中国的"乡村女教师"的电影《凤凰琴》中的女教师形象，就是根据刘醒龙同名小说改编的，反映了以余校长为代表的民办教师在恶劣条件下坚持教学的感人事迹，塑造出他们平凡而又高大的形象，歌颂了乡村人民教师热爱祖国、对教育事业无私奉献的精神。另外，这一主题下的另一部影视作品《美丽的大脚》中塑造的张美丽老师的形象，也是对于这一内涵的刻画与解读。

👁 拓展阅读

　　甘于奉献的精神是人民教师形象的一个代表，这一点也是当代所有优秀教师形象的一个基本表现。教师们为了教育，为了学生奉献时间、奉献精力、奉献爱心，甚至奉献生命。被誉为当代中国"最美教师"的张丽莉，她的事迹就是这一形象最极致的表现。张丽莉是佳木斯市第十九中学的教师，在2012年5月8日的一次交通事故中，为救学生而受重伤，经全力抢救脱离生命危险，但致使双腿截肢。艺术家们为张丽莉老师创作了歌曲《春暖花开》：

> 如果你渴求一滴水，我愿意倾其一片海
>
> 如果你要摘一片红叶，我给你整个枫林和云彩
>
> 如果你要一个微笑，我敞开火热的胸怀
>
> 如果你需要有人同行，我陪你走到未来
>
> 春暖花开，这是我的世界
>
> 每次怒放，都是心中喷发的爱
>
> 风儿吹来，是我和天空的对白
>
> 其实幸福，一直与我们同在
>
> 如果你要一个微笑，我敞开火热的胸怀
>
> 如果你需要有人同行，我陪你走到未来
>
> 春暖花开，这是我的世界
>
> 每次怒放，都是心中喷发的爱

1　古时称小孩为"孺子"，表达了父母对子女之爱。鲁迅《自嘲》中"横眉冷对千夫指，俯首甘为孺子牛"的名句使"孺子牛"的精神得到升华，人们用"孺子牛"来比喻心甘情愿为人民大众服务的人。

风儿吹来，是我和天空的对白

其实幸福，一直与我们同在

春暖花开，这是我的世界

生命如水，有时平静，有时澎湃

穿越阴霾，阳光洒满你窗台

其实幸福，一直与我们同在

我的世界，春暖花开

第四节
教师专业者形象的特征及内涵

🎯 学习目标

1. 了解教师专业者形象的特征是"平等者中的首席"。

2. 了解教师专业者形象的内涵是民主、尊重的教学观念和协同发展的师生关系。

📢 名人名言

只有当孩子们变成了一家人——大家都相互尊重，以礼相待，相互支持——学习才会在教室里发生。

——罗恩·克拉克

自20世纪80年代以来，教师的专业发展日趋成为全球范围内教育改革的中心主题之一，教师的专业发展运动蓬勃兴起。[1]1994年我国开始实施《中华人民共和国教师法》，其中明确规定了"教师是履行教育教学职责的专业人员"，从法律上肯定了教师职业的专业性和不可替代性。1995年我国开始实行教师资格证制度，为促进教师专业化程度提供了制度上的保障。由此，中国教师的发展步入了一个专业化发展的阶段，教师的形象在这种专业文化的背景下又呈现出新的特征。我们试图去描摹出这些新的特征及其背后的内涵，以期对现代教师礼仪的规范做出参考。

1　唐玉光. 教师专业发展与教师教育 [J]. 合肥：安徽教育出版社，2008：16.

一、以"平等者中的首席"为代表的现代教师形象的特征

教师作为教学与师生关系中"平等者中的首席（First Among Equals）"，这一说法首先来自于后现代课程论的代表人物小威廉姆斯·E. 多尔[1]。在我国教师专业化的发展过程中，特别是伴随着我国新课程改革的实施，这一说法背后的理念得到了越来越充分的认同。教师作为"平等者中的首席"也几乎成为现代教师形象的一个代言。这一形象究竟有怎样的特征，值得思考。这一形象的特征应该至少包含两个层面：第一是平等的师生关系特征；第二是教师的"首席"地位和作用的特征。

平等的师生关系应体现在三方面。

第一，人格上的平等。教师和学生在阅历、知识、能力方面会存在一定程度上的不对等，但这种不对等并不否定两者之间人格的平等。所谓人格的平等，就是观念上视对方和自己一样，具有存在的独立价值。首先要尊重对方的肤色、种族、民族，尊重对方的言行、思想和情感；承认对方有独立的判断力和选择的权利，不逼迫对方服从和接受。其次要有信任，也就是在情感、认识上对对方的认同感。

第二，人权上的平等。当强调教师的专业自主权时，也应当充分考虑学生学习的自主权。学生从被动的接受者转为主动的建构者，有权自己决定发展目标、途径、方式、速度。学生根据自己的学业成绩、志向、潜能、爱好、特长等，在教师指导和家长关心下，自主决定学习的内容和进度。

第三，共同体中的平等。在现代学校体制之中，教师和学生在课堂中形成松散或紧密的学习型共同体，以推动学生学习和发展为目的。当今人类社会已经进入了信息化时代，知识可以通过学校以外的多种途径获得，学生与教师一样可以自由获取信息。因此，在学习型共同体中，教师已不再是知识的垄断者，教师的地位由权威转向平等，由传授者向求知的参与者等角色转换。

教师的首席地位是指基于教师和学生在各自的主体性发展、知识、能力或情感发展水平等方面的差异，根据社会期望和角色特点，决定了教师在这种平等关系中处于"首席"的地位。因此教师的作用正在被重新建构，教师是学习型共同体内的领导者，而不是外在的专制者。因此，首席形象将体现在具有导向、组织、促进、激励、协调和服务的作用。

👁 拓展阅读

1. 导向。教学是一种目的性很强的活动，它明确地指向受教育者自身的发展。尽管我们不认为任何具体的教学目标都是预设的，但任何社会对未来一代都有明确的总的要求，教

---

[1] ［美］小威廉姆斯·E.多尔. 后现代课程观［M］. 北京：教育科学出版社，2000.

师应积极引导学生实现这一要求。

2．组织。教学的组织包含教学设计和活动组织。教学需要精心设计，需要对课程、学生和教学环境有充分深刻的理解，应该具备很强的针对性和情境适应性。同时，教学又是一个有序的流程，其间虽因情境变化而不断变化，但其并非处于放任自流的散乱状态。要提高单位课时学习的效能，有效的教学组织是不可或缺的。

3．促进。教师要成为学生学习的促进者，变"牵着学生走"为"推着学生走"，要变"给学生压力"为"给学生动力"，促进学生主动发展。

4．激励。教师要在人的潜能向现实素质的生成过程中，充分发挥激励的作用，才能有效推动学生生动活泼、快乐自由地发展。激励可分目标激励、榜样激励、信任激励等。

5．协调。教学活动是开放性的知识生成活动，需要打破学科壁垒，打破区域界限，实现"学校教育社区化""社区生活教育化"。这就要求教师能适应多种环境，有一定的交往技巧，能协调各种关系，具有"外交家"的能力。

6．服务。在教学活动中，教师还是一名服务者。教师不仅要发展自身，还要拓宽渠道，为学生提供更多、更优质的信息资源；要关心学生，使他们心情愉快，感觉舒适和便利，满足其正当的需要。教师服务的形式是提供无形的"精神性产品"，服务的成果则是学生身心的和谐发展。既然服务对象是学生，教师服务质量的评价者自然就是学生及其家长。[1]

此外，专业文化背景下的现代教师形象还有"教师作为反思者""教师作为研究者""教师作为学习的专家"等的形象，这些形象的生成则更多是从教师知识的构建和专业发展的角度来刻画的。

二、教师专业者形象的基本内涵

（一）民主、尊重的教学观念

教师专业者形象其基本内涵首先体现于教学中的民主与尊重。

首先，要淡化教师在教学过程中的绝对权威性，使教师成为学生的良师益友；同时也淡化教材的绝对权威性，"教材只是前人的智力成果"，鼓励学生敢于突破，有所创造。美国校园电影《春风化雨》就是试图塑造出一位这样的教师形象。

基廷老师与学生们

1　胡根林．也谈教师是"平等者中的首席"．http://hgl1234610.blog.sohu.com/25162510.html，2014-5-25.

👁 **拓展阅读**

　　威尔顿预科学院一向都是以传统、守旧的方法来教授学生的，可是新学期来校的新文学老师基廷（Keating）却一改学校的常规，让自己班上的学生们解放思想，充分发挥学生们的能力。在教学的第一堂课上，基廷并没有在教室里上课，而是领同学们看校史楼内的照片，引领学生去领悟生命的真谛。基廷甚至要求学生将课本中古板、老套的内容撕去。自由的教学方式让学生开始懂得自己的兴趣、爱好、前途和目标。

　　其次，要平等地为每一位学生创造尽可能多的表达和表现的机会，使每一位学生都体会到成长的意义与发展的喜悦。法国电影《放牛班的春天》为观众塑造了马修老师这个形象，他在教育中的一个重要的特点就是帮助每一个孩子发现自己的"闪光点"，就仿佛即使你唱不出美妙的乐音，也可以在合唱团里做一个不可缺少的"谱架子"。

👁 **拓展阅读**

《放牛班的春天》剧照

　　马修·克莱门特是一个才华横溢的音乐家，不过在当时的法国乡村，他没有发展自己才华的机会，最终成为一间男子寄宿学校的助理教师。这所学校有一个外号叫"水池底部"，因为这里的学生大部分是难缠的"问题儿童"。到任后马修发现学校的校长以残暴、高压的手段管治这班"问题少年"，体罚在这里司空见惯。性格沉静的马修尝试用自己的方法改善这种状况。他尊重每一位孩子，也尽力让每一个孩子感受到尊严和乐趣。闲时他会创作一些合唱曲，决定用音乐的方法来打开学生们封闭的心灵。马修开始教学生们如何唱歌，尽可能地让每个孩子在这个集体中发挥作用。循循善诱的马修最终不仅把孩子们的音乐天赋发掘出来，也赢得了孩子们真心的喜爱与尊重。

　　再次，转变灌输式的教学方式，以探究式和讨论式的方法改变传统教学中教师单纯灌输、学生机械重复的教法。这一点也是对我国古代"因材施教""弟子不必不如师"等教育教学思想的一个延续，注重启发性的教学，消除学生对教师的盲目崇拜，培养学生敢于超越、敢于创造的意识和精神。

　　最后，尊重学生参与教学评价的权利。这一点也是对教师教育民主意识的一种考量。对于专业文化背景下的教师来说，所谓教学的效果主要就是学生学习的效果，学生对于教学的效果具有评价的权利。专业者教师形象要能够倾听"学生的声音",从而不断调整自己的教学计划与方法,获取最佳的教学效果。

(二)协同发展的师生关系

所谓协同发展的师生关系是指师生之间以主体间性作为基本原则实现共同的发展。

主体间性作为现代教育的最基本特性,既是师生关系变革的出发点和归宿,也是重塑教师形象的理论依据。要达到教育目的,必须在教育者和被教育者之间建立起一种平等、对话、尊重、理解的主体间关系。这样的师生关系,对传统意义上的师生关系进行了发展,教师由知识权威转变为学生学习的参与者、合作者,不仅学生,包括教师,在师生关系当中都可找寻到发展的意义和路径。协同发展的师生关系的建立关注教师和学生的幸福感,关注师生的意义世界。[1]"学然后知不足,教然后知困",教师和学生处于教学相长的动态过程中,师生双方的生命意义都得以体现并不断生成,这就是所谓"协同"的意义。

事实上,民主、尊重的教学观念和协同发展的师生观念是相辅相成的,一名教师只有在自我形象的构建中同时具备了这样的基本内涵,才具有了作为一名当代教师走向教育成功的基石。美国影片《热血教师》就是在塑造着这样一位专业文化背景下的当代教师形象,而这一荧屏形象的真实人物原型是被称为美国教育史上奇迹的罗恩·克拉克。

值得重视的是,在罗恩·克拉克的教育理念中特别注重对学生礼仪修养的规范与培育。当然,教师作为师生间榜样的力量对教师礼仪与修养的约束自然也是孕育其中的,这其中的规约,例如与人互动,眼睛要看着对方的眼睛;自己有什么好表现不要炫耀,输给别人也不要生气;不可以有不礼貌的小动作;用餐要讲究礼仪;接电话的言谈要得体,等等,这些貌似日常生活习惯的礼仪规约也呈现出对教师礼仪的基本要求。

罗恩·克拉克老师与他的学生们

👁 拓展阅读

罗恩·克拉克被称为是美国教育史上的奇迹。2000年,他在报纸上看到纽约哈莱姆区学校差生班无人愿意执教的新闻,毅然搬到纽约。在他独特、革新的教育方法下,这帮差生的期末成绩奇迹般地全校最高。2001年,28岁的罗恩·克拉克被授予"美国年度教师奖"。此

1　肖安庆. 主体间性视角下新型师生关系的建构 [J]. 教学与管理(理论版), 2012 (11).

后，他相继推出两本畅销教育类书籍《五十五条班规》（2003年）和《教育者的11项卓越品质》（2004年），并两度登上"奥普拉脱口秀"。主持人奥普拉称罗恩·克拉克是她第一个认为的"非凡的人"，她的推荐迅速提升了罗恩的知名度，也引起好莱坞的注意。

在他的畅销书《五十五条班规》中，罗恩·克拉克详细介绍了他集礼仪修养、纪律守则和做人原则于一体的班规。不少教师在看了此书后深受鼓舞，尝试着跟着学。有的教师在罗恩·克拉克的网站上留言说："我照着这么做了一年，学生考试分数从来没有这么高过，它给我的课堂和教学带来了难以置信的变化。"罗恩·克拉克说，恰当的行为举止与礼仪修养，是学生学习成功的关键因素之一。只有当孩子们变成了一家人——大家都相互尊重，以礼相待，相互支持——学习才会在教室里发生。他的这些规则很多都是关于集体组织的，为学生的成功营造了一个家的氛围。有了这些规则，学生不再只顾自己，只关心自己的目标，而是凝聚成了一个紧密团结的集体。"我把教室变成了一个家，这样我们所有人都要对每一个人的成功负责，我们总是相互提携。教室里每天都充满了鼓励和激情。当孩子处在这样一种氛围中，他们就会更加努力，他们想学到更多东西，他们的学习成果就会体现在考试分数上。"

罗恩·克拉克的"55条班规"具体为：

1. 与成年人应对，要有礼貌，有分寸；

2. 与人互动，眼睛要看着对方的眼睛；

3. 别人有好的表现，要替他高兴；

4. 尊重别人的发言与想法；

5. 自己有什么好的表现，不要炫耀，输给别人也不要生气；

6. 如果别人问你问题，你也回问他问题；

7. 打喷嚏、咳嗽都要说对不起；

8. 不可以有不礼貌的小动作；

9. 别人送你任何东西，都要说"谢谢"；

10. 接到奖品和礼物，不可以嫌弃；

11. 用小小的贴心，为别人制造惊喜；

12. 改同学试卷时要特别谨慎；

13. 全班一起念课文时，要看着正念的一字一句；

14. 以完整的句子回答所有的问题；

15. 不要主动讨奖品；

16. 每天都要做完作业；

17. 换科目的时候，动作要快、要安静，要守秩序；

18. 做什么事都要有条理；

19. 老师在指定作业的时候，不要叫苦；

20．别的老师来代课，也要守班规；

21．课堂上发言或起身，应该讲规矩；

22．不可以上课上到一半，起身去倒水；

23．见到每位老师，都要说某某老师好；

24．注意洗手间的卫生，把身边的病源减到最少；

25．让客人有宾至如归的感觉；

26．不要帮同学占位子；

27．同学受罚的时候，不要看着他；

28．对作业上的问题，可以打电话来我家，我没接的话，你可以留言，但只要留一次就够了；

29．用餐要讲究礼仪；

30．吃完饭，自己的垃圾自己处理；

31．接受别人的服务要惜福；

32．坐车要坐好，别打扰司机；

33．认识新朋友，要记住对方的名字；

34．吃自助餐或与人同桌，取菜不可贪多；

35．别人掉了东西，请弯腰去帮他捡起；

36．进门时，如果后面有人，请为他扶住门；

37．别人碰到你，不管有没有错，都要说声对不起；

38．进行校外教学时，无论到哪一个公共场所，都要安安静静；

39．去参观别人的地方，要不吝于赞美；

40．全校师生集会的时候，不要讲话；

41．接电话时言谈要得体；

42．一趟校外教学结束，要谢谢所有随行的老师和家长；

43．搭乘电梯时，要站在右边，请赶时间的人走左边；

44．列队行进时不要说话；

45．不可以插队，但看到别人插队时不可以大呼小叫，让老师知道就好；

46．看电影时不要说话；

47．不可以带玩具到学校里来；

48．有谁欺负你，让老师知道；

49．自己的理想自己要坚持；

50．要乐观，要享受人生；

51．别让别人有遗憾；

52．从错误中学习，继续向前迈进；

53．不管如何，一定要诚实；

54．抓住今天；

55．在你的能力范围内，做最好、最好的人。

本章小结

本章描述与分析了历史文化变迁的脉络中教师的形象及其内涵。

首先，我们需要认识到的是，尽管教师形象的发展与变化具有时代的特征，而这一演变的过程又同时具有历史文化的"遗传基因"，也就是说，每一阶段教师的形象都仍然继承与演绎着以往阶段的精华部分。因此，即使在当代，我们仍能够从教师的身上看到那些诸如师道尊严、坚守道义、安贫乐道、树人为功、甘于奉献的职业精神，而这些精神又进一步巩固与沿袭了优秀的育人观，比如教师对学生要充满关爱；教师要尽可能做到因材施教；教师要尽可能尊重学生生长与发展的基本规律；教师要具有一定的奉献精神；教师要尽可能让知识得以充盈；教师要具有一定的教育教学的策略与手段等，从而使得教师这一职业在任何时代背景下都发挥着积极的育人功能，同时，也使得教师的形象在不断的演变过程中始终保持着一些虽经时代浪潮冲刷却未有褪色而历久弥新的基石。

同时，这些教师形象在发展过程中，也被赋予了更丰富、更充实、更现代的意义，例如古代教师所崇尚的"道"或"道义"主要是以儒家学说为核心的道德伦理，当代教师所遵循的"道"或"道义"则往往体现出了现代公民精神中的真善美的内涵。

我们随后将要探讨的有关教师的礼仪，正是在探讨教师形象发展的基础上，将那些能够体现出自古以来积淀、演变而成的教师形象的优秀精华以外显的形式表达出来，而这种表达本身也正是对教师形象新的丰富与发展。

总结 >

Aa 关键术语

教师形象	师道尊严
Image of Teachers	Dignity of Teachers

📎 章节链接

参考导论和第一章进行学习。

应用 >

⚡ 批判性思考

1. 当代教师形象中，有哪些来自于文化传承，并被赋予了哪些新的意义？

2. 当代教师形象中，有哪些体现出了当前时代发展的意义和特点？

3. 我国当代教师礼仪中，有哪些体现出了当代教师形象的内涵？

✏️ 体验练习

罗恩·克拉克可以说是当代专业者形象教师的代表人物，他的教育理念和风格诠释了"平等的首席"的形象特点。在他的"班规"中不乏对学生礼仪的具体要求。那么，请您体验：假如您是罗恩·克拉克，基于民主尊重和协同发展的教师专业者形象内涵，请制定出一个与"班规"中对学生礼仪要求对应的"教师礼仪班规"。

🔍 案例研究

尊师重教是中国的传统。1985年，第六届全国人大常委会第九次会议通过了国务院关于建立教师节的议案，会议决定将每年的9月10日定为教师节。教师节，旨在肯定教师为教育事业所做的贡献，弘扬尊师重教的传统，树立教师为人师表的社会形象。学生们往往会在教师节这一天特别地表达出对教师的敬爱之情，而教师们也常常会在这一天特别能感受到这一职业带来的荣光和幸福感。可是，2014年的教师节却有了一个"变奏曲"，某县高级中学的一名班主

任老师，因为班里的学生干部没有组织同学们为老师送上教师节的"礼物"而大发雷霆，公然在课堂上辱骂学生。这一事件通过网络媒体引起了社会上的激烈讨论。应该说这位教师的言行不仅扭曲了教师节的意义，更玷污了教师的形象，违背了教师的职业道德。

中国教师自古以来就树立起了"教书育人，敬业奉献"的教师形象，是一代又一代的教师群体通过自己日常的言行举止解读着这一形象、丰满着这一形象。"廉洁从教""为人师表"等道德规范是新形势下经济、社会和教育发展对中小学教师品质和行为的基本要求。教师是青少年学生成长的引路人，教师的素质、素养和职业道德水平直接关系到青少年的健康成长，乃至国家的前途命运和民族的未来。

通过这一案例不禁使我们对教师形象、教师礼仪做出更深刻的思考：

教师形象的内涵应该是自古以来一代又一代教师积累与沉淀出的教书育人的优秀品质，这些品质是以教师职业道德为核心的，通过教师日常的行为举止呈现在世人的面前。

教师形象是群体的画像，是从业者的理想境界；教师形象又是个体的表现，既可能成为对理性境界的注解与充实，也可能成为对理想境界的贬斥与损毁。因此，教师形象对个体教师而言既是理想的也是规约的，每一位教师有责任把理想的形象内化为自己的追求。

教师礼仪是对教师形象的规范性呈现，这所谓的规范性既包括职业的规约和约定俗成的做法，又包括具有时代特性与个性的行为上的发挥与张扬。因此，教师礼仪要充分体现出传统的教师教书育人的优秀品质，同时，还要能够展现出新时代背景下教师素质与修养的先进性。

教师礼仪既是教师与他人交往的方式，也是教师进行自我修养的路径。

请结合本章内容说说，为何这位老师的行为会引起社会的激烈讨论？

教学一线纪事

人民教师形象的代表人物斯霞，不只是一个教书匠，有关她的教育纪事诠释了"爱的教育"，更描画出一个母爱教育者的生动形象。

1962年深秋的一天，突然刮起了西北风，气温急剧下降，一些家长为孩子送来了衣服，可还有很多双职工子女仍然穿着单薄。下课后，斯霞回到自己家里，翻箱倒柜，把所有能穿的都拿了出来。大大小小的各种衣服虽然学生们穿得不很合身，但却温暖了一颗颗幼小的心灵。第二天，一个姓吴的女学生拿着斯霞平时穿的红毛衣还给老师，说了声"谢谢"就离去了。斯霞打开毛衣一看，里边还包着一个鲜红的苹果。

南师附小的校门口原先比较低洼。每到下雨天，校门口便成了一个大水塘。这对于七八岁的小学生来说，是一个不小的障碍。上学时，斯霞早早地站在校门口，把他们一个个背过来；放学了，又把他们一个个背过去，直看着他们安全地离去。

那是1963年的晨会课，斯霞发现有个学生趴在桌上。她走到那个学生身旁，摸了摸他的额头，头上都是冷汗。斯霞轻声地问他是怎么回事，学生说他们家搬家了，刚才上学急呼呼地走了半个小时，现在感到浑身很累。斯霞让他安静地伏一会儿。下午放学后又亲自到这个学生家里去，他的新家离学校确实很远。斯霞向学生的父母说："如果你们放心，就让孩子住在我的宿舍里，行吗?"怎么不行呢? 学生的母亲激动地握着斯霞的手，连连表示感谢。就这样，这个学生在斯霞的房间里住了几个月，直到毕业后才搬回家去。

斯霞撒下了爱的种子，学生们也都把她看成知心的母亲一样，爱戴她，尊敬她，有话愿意向她说，有事愿意找她讲。毕业离校了，学生们还保持着和她的联系。

拓展 >

补充读物

1　吴岳军．论主体间性视角下的师生关系及其教师角色．教师教育研究，2010（2）.

　　这篇文章重点论述了平等与尊重原则下的主体间性师生关系的内涵。文中所谓的主体间性首先在于教师与学生互为主体的平等对话，教师要把学生看作是和自己平等的相对独立的个体；其次，教师要与学生在相互尊重中彼此欣赏，教师对学生的欣赏不是纵容和简单的赏识，而是让学生在获得尊重和信任的同时学会自我教育和自我完善；最终，教师要与学生在相互理解中共同发展，使师生之间的交往升华为人格间的交流。

在线学习资源

电影《乡村女教师》：http://v.baidu.com/kan/movie/?id=19712&url=http%3A%2F%2Fv.pptv.com%2Fshow%2FdZiaNC3PZSYfqaHQ.html&ifrom=detail&vfm=bdvtx#frp=v.baidu.com%2Fmovie_intro%2F

第三章
师生关系中的
教师礼仪

本章概述

　　在现代社会生活中，以社会关系为核心，教师职业文化、教师职业道德和教师礼仪相互关联，互为表里，共同构成了教师职业发展与进步的生态系统。师生关系是社会关系的具体反映，是教师职业文化、教师职业道德和教师礼仪的核心。从总体上看，师生关系可从三个层面来理解，即人与人之间的关系、成人与未成年人之间的关系以及专职教育者与学生之间的关系。这三种关系相互交织，生成了以平等、理解、尊重、呵护、培植、引导、悉心、耐心和爱心为主要内容的教师职业道德规范。教师职业道德的培养是一个内外兼修的过程，向内生成教师职业文化，向外生成教师职业礼仪，亦即教师礼仪。课堂教学、校内个别辅导、校本活动和校外实践是师生交往的四个主要场景，师生关系的总体特性对教师的职业文化、教师职业道德以及在这四个主要场景中教师的礼仪均提出了相应的要求。

结构图

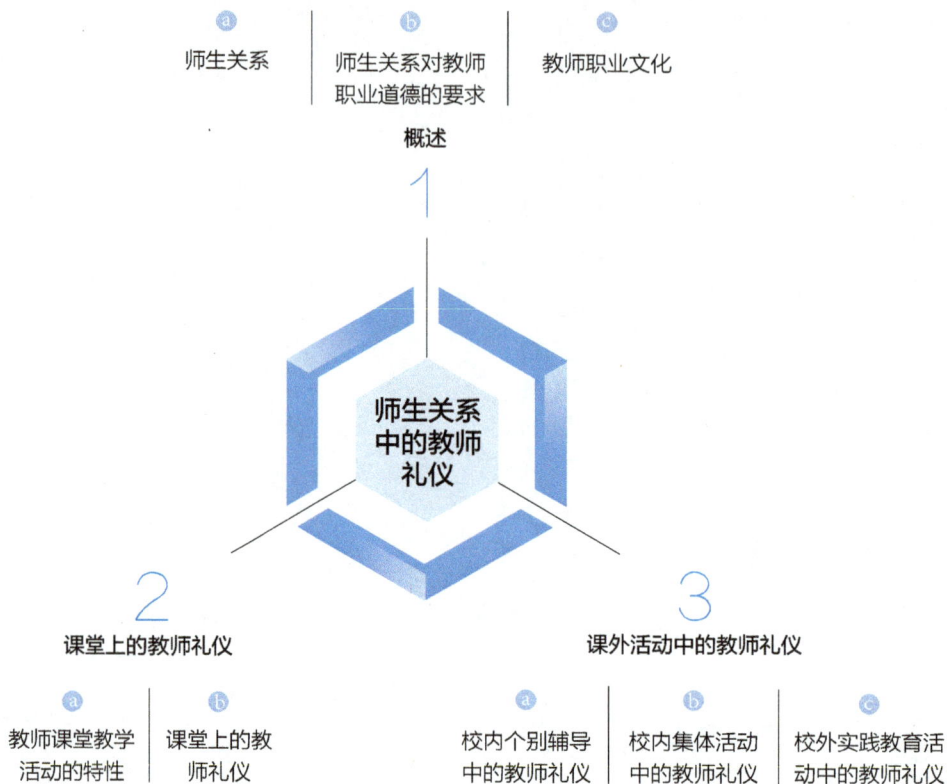

a	b	c
师生关系	师生关系对教师职业道德的要求	教师职业文化

概述

1

师生关系中的教师礼仪

2 课堂上的教师礼仪

a	b
教师课堂教学活动的特性	课堂上的教师礼仪

3 课外活动中的教师礼仪

a	b	c
校内个别辅导中的教师礼仪	校内集体活动中的教师礼仪	校外实践教育活动中的教师礼仪

学习
目标

1. 理解师生关系中的人与人之间的关系、成人与未成年人之间的关系以及专职教育者与学生之间的关系，并举例说明。
2. 理解师生关系对规约教师职业道德的意义。
3. 把握师生交往不同场景中的教师礼仪。

读前
反思

　　新入职的教师普遍遇到的一个困惑是不知道如何处理好师生关系。在阅读本章之前，请回忆你自己做学生时的一些亲身体验，例如在小学或中学阶段你喜欢什么样的老师，你不喜欢什么样的老师？想想那些不苟言笑的教师，你们的师生关系的总体状况如何？你喜欢这类老师吗？为什么？再想想那些和颜悦色、易于沟通的老师，你们的师生关系的总体状况如何？你喜欢这类老师吗？又因为什么？

　　最后，请思考你希望自己成为哪种类型的老师，以及这类老师所拥有的一般特征是什么。

第一节
师生关系与教师职业文化

🎯 **学习目标**

1. 理解师生关系中人与人之间的关系、成人与未成年人之间的关系以及专职教育者与学生之间的关系。
2. 掌握各种关系对教师职业道德的基本要求。

师生关系对教师职业文化、教师职业修养和教师礼仪起着严格的规约作用。其作用的机理是：师生关系首先对教师职业道德提出要求，又通过职业道德的内外兼修过程而形成教师职业文化和教师职业礼仪。向内生成教师职业文化，向外则生成教师职业礼仪，亦即教师礼仪。可见，以师生关系为核心，教师职业文化、教师职业修养和教师礼仪相互关联，互为表里，共同构成了教师职业发展与进步的生态系统。

一、师生关系

（一）人与人之间的关系

无论是个体还是群体，人的差异性是显而易见的，譬如长相、肤色、年龄、性别、阶层、民族等，都不尽相同，生活习惯、个体经验、社会文化也因此各具特色。教师和学生之间的差异性是客观存在的，如年龄、社会经验和文化程度等。此外，如果从掌控社会资源和承载的社会角色角度进行分析，我们会发现，师生之间的这种差异性似乎在不断增大。正因如此，传统的学校教育缘于社会发展的有限性制约，往往将固化甚至是夸大这种差异性认识作为行使教师职能的根本。

但是从哲学和人类学的角度来看，这种差异是没有任何质性不同的，因为不管年龄相差多少以及社会经验有多大不同，也不管受教育程度相差几何，或者是掌控社会资源有多大差异，他们作为人的意义是没有任何质性差别的，也就是说，生命的意义不会因为年轮差异而消损。人与人之间的关系总是在一定的社会关系中结成的，映射着社会关系的基本特征和水平。[1]事实上，如果无法做到对全体生命、生命全部意义和生命整个旅程的无差异性呵护，那么人类社会的演进既不会有继承性，也不会有发展性。在人类生活史上，伴随每一次生产力的巨大解放的是生育力的巨大解放，而这往往又会推动社会大踏步地发展。[2]

1　周润智. 学校教育价值的失落与复归——师生关系的社会学解读［J］. 南京师范大学学报，2002（1）：82.
2　［美］斯塔夫里阿诺斯. 全球通史：1500年以前的世界［M］. 上海：上海社会科学院出版社，1992：98～100.

正是基于对全体生命和对生命全部意义以及对生命整个旅程的无差异性呵护，人类才得以跋涉出荒蛮的沼泽而不断走向文明，并历史性地沉淀下人与人相互交往的基本要义，即平等、理解和尊重。

平等、理解和尊重，既然是人与人相互交往的基本准则，则更是教师和学生交往的准则。

（二）成人与未成年人之间的关系

没有质性差异是教师和学生确立相互关系的基本准则，但不是唯一的准则。师生之间还有成人与未成年人之间的关系。在基础教育阶段，由于学生尚未达到成人的年龄，因此，师生之间既是成人和未成年人的关系，也是成人社会和未成年人社会的关系；到了大学阶段，学生虽然普遍达到了18岁，生命体态已属于成年人，并在法律上得到了承认，但如果分析他们的社会资本状态，我们会发现，他们还显然属于弱势群体。显然，师生之间的差别，在不同方面和不同时空下，不同程度地对师生关系产生深刻的影响，结果会衍生出师生交往的另一层次规约。全面认识并把握师生交往的这一关系对于提升教育教学的质量和水平至关重要，对于教师养成自然、规范的教师礼仪也至关重要。

承认成人和未成年人生命特征的差异性，即承认教师和学生在机体、经验、观念、资本和思想等方面的发展总体上具有差异性。正是因为这种差异性的存在，才在客观上使得教师和学生这两种社会角色获得了正当性，并要求这两种角色的行为高度协调和融通。在人类社会发展史上，成人和未成年人之间关系的结成，一方面要依赖于生命的本能，另一方面更依赖于人的理性选择，两个方面相交融，构成了成人对未成年人应该有的道义，即呵护、培植和引导，它们既然是成人对未成年人的道义，当然也是教师对学生的道义。

（三）专业教育者与学生之间的关系

教师和学生还是专业教育者与学生之间的关系，即结成教育关系。在这种关系中，前者不是一般的成人，而是专业教育者；后者也不是一般的未成年人，而是有着发展目标和课业任务的学生。专业教育者与成人有何不同呢？我们知道，专业教育者从属于成人或成人社会，但就其内涵而言，前者要大于后者，因为前者是后者的一部分，但不是随意产生的一部分，而是后者基于人的类属关系和代系关系，从自身系统中选拔出来的具有特定身份与职责的人，这部分人代表成人及其社会，在原始社会后期便从纯粹的生产劳动中分离出来，专门从事将人类社会发展的历史性成果，如制度、经验、观念和技术等，通过有效的形式传递给新生一代。由于这项活动具有较强的复杂性和内在的规律性，因此，从业者必须掌握必备的知识、技能和艺术，进而逐步演化为一种重要的专业，即教师。学生也不再是一般的未成年人，他们承担着人类的期许，通过一定的组织方式，在规定的时空中完成着特定的任务。教师和学生之间不再是一种泛泛的成人和未成年人之间的关系，而是以这种关系为基础，以特定的社会发展和新生一代生活状态的改善为目的，以特定的观念和意识、情感和态度、知识和能力为内容，以特定的组织形式和方法为手段，相互之间高度融通和有机协同的联合体。埃利亚斯曾指出：文明发展的特征就在于严格、全面、适度地控制情感。[1]概括而言，在师生之间，虽然未成年人还未成年，但有了发展目标和课业要求；虽然成人还是成人，但已不是一般的成人，而是受过专业培养、掌握着高超专业技能的人。因此，悉心体察未成年人的认知和发展特征并细心关照，或者是因为关照教育教学的特殊活动目标，在学校范围内变革成人社会和未成年人社会的一般关系。无论是哪一方面的需要，都会在师生交往中对教师的礼仪产生严格的影响与规约。

二、师生关系对教师职业道德的要求

（一）作为人与人之间关系的要求

1. 平等

平等是指人们在社会、政治、经济、法律等方面享有相等的权利和待遇。无论是人类社会发展的初级阶段还是高级阶段，平等是人与人之间最基本的关系，这昭示了社会发展的基础和目标，也说明了人类之所以能够结成社会，并始终以之为依托不断进步的根本所在。

从人的角度看，尽管师生之间在年龄、阅历、经验、学识等方面不同，但这种不同不是本质性的，属于非本质的外在差异。师生关系首先是人和人之间的关系，这要求无论是在教育教学活动中，或者是在其他学校生活中，师生的生命、人格、价值、尊严、权利处于同等地位，绝无高低贵贱之分。学校中的教师和学生是学习的共同体，由于经验、技术和知识传承的需要，产生了学校和教师职业，在教师的指导和陪伴下，学生博览群书、阅历生活，不断扩展视野、修炼身心，进而获得知识、情感和德性的整全发展。充分认识师生之间拥有平等的地位，要求学校管理必须兼顾到师生的共同需要和差异性需要，既不会因为年龄原因而无视学生的权利和地位，也不会因为现实原因而轻视教师的权利和地位。传统的和非专业化的

1　［德］诺贝特·埃利亚斯. 文明的进程：文明的社会起源与心理起源研究（第一卷）［M］. 王佩莉，译. 北京：生活·读书·新知三联书店，1998：43.

教育思想往往将学生视为客体甚至是工具，这是与教育的本真旨趣完全背离的。师生之间唯有平等相处，真诚交往，才能构建出和谐向上、协同奋进的师生关系。因此，在师生交往中，平等是规范教师礼仪的基本要求之一。

2. 理解

理解是指能够换位思考彼此的处境，进而体察或认同他人的行为和观点。无论是人类早期生活的无特权阶段，还是后来由于社会分工导致众多社会阶层的形成，社会亦即人类生活共同体之所以始终得以沿承，重要的基础在于：非但人们对生死相依的共同命运有着深刻的理解，还在于不同阶层、不同职业的人们彼此能够理解甚至认同各自的境遇和需要。

教师和学生显然有着身份差异。前者是一种职业，也是一种专业；后者是生命历程的一个特定阶段，也是生活的一个重要组成部分。尽管教师和学生的身份不同，但志趣应该是高度一致的，即通过共同努力，结成学习联合体，从而使人类社会发展的文明成果得以传承并不断向前发展。在这种联合体中，教师和学生非但缺一不可，他们的观念、意识、情感、态度乃至行为还必须高度融合，相互支持，彼此配合。

3. 尊重

尊重是指尊敬和敬重，其实质是缘于对他人的作用和价值的认同而导致的信赖和敬仰。人的内心里都渴望得到他人的尊重，但只有尊重他人才能赢得他人的尊重。尊重他人是一种高尚的美德，是个人内在修养的外在表现。尊重他人是一个人的思想和修养水平的标尺，是一种文明的生活方式。

教师和学生之间的角色分工与联结在理解的基础上必然走向彼此之间的认同和尊重。师生之间的相互尊重一方面表现在主体间性上，即对地位、价值和作用的相互认同；另一方面还表现为在共同活动中相互依赖上，即高度融通，相互支持。需要指出的是，教师和学生之间的相互尊重由于角色和教育活动指向的不同而表现出显著差异性，即师生之间相互尊重的范畴、内涵以及表征都表现出独特性，这需要师生在认知和教育教学活动中去体验和感受。

（二）作为成人与未成年人之间关系的要求

1. 呵护

未成年人因为尚未成熟，因此，其生命既柔弱，又易变，容易遭受各种侵害，所以，成年人有责任和义务倾己所能，保护未成年人在生命的各个阶段能够健康、快乐成长。我们或许听过下面这则故事：一位年轻的母亲在忙碌中听到院子里才几岁的孩子蹦蹦跳跳的声音，便问他在干什么，在得知孩子想跳上月球的想法后，母亲的回答是："好啊，不过一定要记得回来呀！"那个孩子就是尼尔·阿姆斯特朗，那个女人是他的妈妈。1969年7月16日，作为美国宇航员的尼尔·阿姆斯特朗真的"跳"到月球上去了。虽然我们无法判断当初母亲的那句嘱托对于日后尼尔·阿姆斯特朗登上月球究竟起到了怎样的作用，但有一点是可以肯定的，即如果当初这位母亲给予的不是鼓励而是训斥，那么一颗天真的心灵和一个美好的梦想一定会过早夭折。教师是成年人的代表，对学生的呵护是学生健康发展的前提。

未成年人需要成年人呵护的原因主要表现在两个方面。

其一，由于人的初始生命完全不具备自理能力，即便是日后有所成长，也不同程度地表现出对成人和成人社会的依附性。譬如，人在婴幼儿阶段是不具备自理能力的，因此，他们的衣食住行需要父母的悉心照顾。即便到了少年儿童甚至是青年早期阶段，由于他们还不具备自立能力，或者是由于社会的发展原因，大大推迟了他们自主谋生的年龄，仍然需要父母、教师和全社会提供必要的养护。

其二，人的生命在初始阶段既表现出发展方向的无限丰富性，也表现出发展过程的内在规定性，因此，成人既要悉心呵护一切纯真、美好的天性得以健康、苗壮成长，还要尊重生命个体成长和发展的规律，因势利导。然而，我们经常能够发现儿童的天性被扭曲和摧残，"当我们看到野蛮的教育为了不确定的将来而牺牲现在，使孩子遭受各种各样的束缚，为了替他在遥远的地方准备我认为他永远也享受不到的所谓幸福，就先把他弄得那么可怜时，我心里是怎样的想法呢？即使这种教育在它的目的方面是合理的，然而当我看见那些不幸的孩子被置于不可容忍的束缚之中，硬要他们像服苦役的囚徒似的继续不断地劳作，我怎能不感到愤慨，怎能不断定这种做法对他们没有一点好处？"[1]卢梭指出："要使孩子们保持他们的天真，只有一个有效的办法，即让他周围的所有人都要尊重和爱护他们的天性。"[2]

2. 培植

未成年人的生命虽然柔弱和容易遭受各种侵害，但正因为是未成熟的，因而才有着多元和广阔的发展空间，只不过是这种多元和广阔的发展需要成人伺机播种，精心培植。从人类社会发展的整个过程来看，成年人与未成年人之间既表现出一般的生命天性，也表现出对一般生命天性的超越，即从整体、历史和发展视角来认识成人与未成年人之间的关系，这是人类对生命的特有诠释。事实上，家长无不希望自己的孩子能够拥有幸福的人生和远大的前程，但往往都不同程度地忽视了儿童天性的价值，更谈不上去积极培植。儿童玩耍时那全神贯注的神色，高兴时那天真烂漫的表情，都源自孩子内心的纯洁无瑕、浑朴自然的天性，作为家长和教育工作者，应该将其视为稀缺的宝藏和资源，而不是压制儿童的天性以及粗暴地剥夺他们成长的权利，应该给予更多的观察、理解，并在此基础上，不失时机地修剪旁枝错节，播种正义和友善，开发能力与智慧。

需要强调的是培植绝不是揠苗助长，有时，留白与等待也是培植，以此尊重生命的特性与规律。一位班主任写给一位家长的信发人深省："当你看到孩子成绩时，无论好坏，请想

1　［法］让·雅克·卢梭. 爱弥尔［M］. 上海：上海人民出版社，2011：29.

2　［法］让·雅克·卢梭. 爱弥尔［M］. 上海：上海人民出版社，2011：111.

想：每个孩子都是一颗花的种子，只不过花期不同。有的花，一开始就灿烂绽放；有的花，需要漫长等待。不要看着别人怒放了，自己的那颗还没动静就着急，相信是花都有自己的花期。细心地呵护自己的花慢慢地看着长大，陪着她沐浴阳光风雨，这何尝不是一种幸福。相信孩子，静等花开。也许你的种子永远不会花开，因为它是一棵参天大树！"

3. 引导

学生纯真和美好的天性以及正义、友善、智慧等品质，都需要成人的正确引导才能得到健康发展。譬如，孩子在学龄前的时候，家长往往将"不打人、骂人"与"共享玩具"作为要求自己的孩子要友善的重要内容；当孩子处于小学低年级的时候，上述要求便提升为"真诚待人"和"团结协作"；当孩子上高中或上大学之后，上述要求又演变为"学会换位思考"和"提升包容能力"，等等。成人不失时机地积极引导孩子们的成长既重要，又复杂。

缺少及时的引导是我国许多家庭教育无法达到应有作用的一个重要原因，或"引而不导"，或"导而不引"，抑或只是偶尔引导，缺少认知和情感基础。

（三）作为专业教育者与学生之间关系的要求

1. 悉心

作为教师，在和学生交往过程中，一个有别于其他成人的重要方面就是始终要有育人的责任意识，并且能够自动地将这一意识转化为教育策略和教育技术。学生群体不同于其他群体，教师在与其交往时，一个重要任务就是要自觉地促进他们的进步与发展，而且要努力做到教育活动与生活之间的水乳交融，唯此才能确保教育活动的实效性。这样，就要求教师在确定教育目的、策略以及选择教育方式和方法等方面要做到全心全意，即悉心。其他行业人员，甚至包括孩子们的父母，他们与未成年人交往过程中也会产生育人的责任意识，但事实上，他们的这种意识往往随机性很强，而且带有明显的个性差异，这可以从他们的不同观点和态度以及因人而异的说教方式上得以验证。譬如，当得知一个孩子的一次考试不理想之后，其他行业的长辈对此的反映是不一的：有的会建议孩子总结原因，查找不足和差距；有的会鼓励孩子不要气馁，争取下次考试能够获得好的成绩；有的还会建议孩子检讨自己的学习方法，并介绍一两种甚至是更多的学习方法；很多家长也是如此，即便与他人比较有所不同，但仅限于或者复合完成上述几种做法，或者是更进一步探讨补课的必要性。对于教师而言，他首先要辩证地分析孩子的考试成绩，无论是进步、退步或者是止步不前，他都会基于大量相关的事实做出较为准确的判断，然后设计出包括课堂提问、课后辅导、其他任课教师调查、生活辅助调查等内容在内的一系列教育策略。除了对每一项内容要做全面设计之外，教师在教育策略的实施过程中，还必须及时、准确地观察，了解学生发展变化的蛛丝马迹，并据此有的放矢地对后继策略做出必要的调整或改进。当一个阶段的教育任务完成之后，往往代之以新的任务，对于新的任务，无疑教师同样需要全面分析，悉心设计。

2. 耐心

同一个班级的学生总会程度不同地表现出与教师的教育教学设计之间的不同步性。学生总有这样的体验：教师课程教学的进度大部分情况下要么快、要么慢，很难正合己意；即便自己对教师课程教学的进度较为满意，其他同学有人嫌快，也有人嫌慢。教师对如下情形也一定不会陌生：有些同学尚未掌握的某些知识，经教师介绍或点拨之后显然领悟了，但一周或更长时间之后就全然忘记了。教师面对的每一个学生，既充满个性，又富于变化，这要求教师必须熟悉和适应，并逐步建立起师生之间特殊的交往准则，超越常人交往的惯习，兢兢业业，不急不躁，热情相扶，耐心施教，坚信每一个孩子都有自己的花期，都能够成长为栋梁之材。

3. 爱心

孔子和孟子都重视"仁爱"，将其视为君子的重要个性特征。两位先哲所说的并非是人与人之间的一般情感，而是仁者的爱，即在重大问题上超越常人的好恶，表现出大智慧和超群的人格魅力。师爱是教师职业的重要专业素养之一，我国著名学者林崇德教授将其视为师德的灵魂，并认为热爱学生是一种心态和一种责任，是一种智慧。教师对学生的爱不是一般的人与人之间的普通情谊，也不是亲情关系中的特殊情感，而是因为深明人类社会发展之大义而铸就的非凡的度量、境界、气度和修养。

师爱需要非凡的度量、境界、气度和修养。普通的成人对待没有血缘关系的未成年人一般能够做到呵护、培植和引导，但往往是随机和简单的；家长对待子女的呵护、培植和引导固然博大无私，但亲情之下难免具有极其浓厚的感性和本能色彩。由于年龄上的差异，导致了师生之间拥有相差甚大的认知水平和社会化程度，这会使得他们在爱憎以及意义表达方式等方面发生严重错位现象。譬如，学生因不满而使用的语汇及表达方式，往往会被新入职的教师领会为"极其恶毒"的，殊不知这仅仅是孩子们通常随意选择的一般性语汇，除了想表达不满或憎恶，他们自己并没有教师所想象的那些恶意。成熟的教师对此都会一笑释怀，而其他职业人员很难做到这一点。

总之，教师和学生之间的几种关系相互交织，彼此协同，逐步生成了以平等、理解、尊重、呵护、培植、引导、悉心、耐心和爱心为主要内容的教师职业道德规范。教师职业道德是一个内外兼修的过程，一方面，它向内凝练生成进步的教师职业文化，向外分化生成教师

职业礼仪，即教师礼仪。[1]

🔍 案例

张老师今年50多岁，是某市一所普通高级中学的历史课程教师。

这一天，张老师正在给二年级二班上课，发现一名叫刘莉的同学不时地低头翻看着什么。张老师突然走过去，一把抢过来，发现是本日记，当页写着：上课了，那婆子踱着方步，走上讲台，翻开千古不变的经，一字一句念将起来……不看还罢，只看头两行，张老师就顿觉气血上涌，一阵眩晕，因为单凭课程、年龄和授课方法，张老师瞬间就断定日记说的就是自己。张老师怒不可遏，当场将日记本撕成两半，摔在地上，指着张莉大声斥责她没教养。张莉见状也显得异常激动，站起身来，叉着腰质问张老师凭什么撕毁日记，认为没教养的是损害他人东西的人。二人争吵不休，教室一片混乱。最后，张老师怒气冲冲地离开教室，声称有你没我，建议学校开除刘莉。

在这一事件中，张老师的表现显然有悖于教师的职业规范。当教师的不能简单满足于成人所具有的胸怀与气度，而是应该站在专业教育者的高度，以更加宽阔的胸怀和更加非凡的气度，认识并包容未成熟生命所具有的有限性，悉心呵护学生的天资，耐心培植和指导学生的成长，用博大和无私的爱心引导学生。

🔊 名人名言

谁爱孩子，孩子就爱谁。只有爱孩子的人，他才可以教育孩子。

——高尔基

三、教师职业文化

教师职业文化是指教师职业在历史发展中凝结而成的认知和行为范式。

---

1 考虑到这部分内容的内在逻辑关系，本节在论证"师生关系"和"师生关系对教师职业道德的要求"之后，接着论证教师职业道德的"内修"部分，即"进步的教师职业文化"；"教师职业道德的外修"部分，即"教师礼仪"则分别放在第二节和第三节师生交往的具体场景中论述——编者注。

纵览古今中外人类教育实践，教师职业文化的积极方面主要包括"诲人不倦""循循善诱""勤于沟通"和"公平公正"四个方面的内容。

（一）诲人不倦

"诲"即教诲，"倦"即疲倦或倦怠，"诲人不倦"意指不知疲倦地教导人。对于教师而言，诲人不倦是最基本的职业要求，因为对于学生而言，其成长和发展的过程需要破解一个又一个不解和困惑，旧的不解和困惑解决了，新的不解和困惑又产生了。此外，即便是同一个不解或困惑顺利地解决了，有可能因为时过境迁或事过境迁，又会感到不解和困惑，这是由未成年人的心智水平和认知特点决定的，作为一名教师，既应该对此有充分的了解，也应该在教育教学活动中能够积极化解，自如应对。然而，在现实生活中，我们常常发现有的教师对于学生的不解或困惑表现出极大的"不解或困惑"，甚至是极不耐烦，这不单单破坏了和谐的师生关系，也使得师生教育教学活动的意义和价值在一定程度上消解，甚至完全付之东流。

（二）循循善诱

循循善诱中的"循循"即有次序，"善"即善于，"诱"即引导或教导，"循循善诱"意指善于有步骤地引导别人学习。循循善诱是对教师职业的又一基本要求，其机理缘于知识和人的认知活动的逻辑特性。一方面，知识是人类对主观和客观世界的认识不断丰富、不断深化的结晶，因此，相同领域的知识除了本身具有结构性特征之外，知识与知识之间还往往具有内在的关联性，这意味着认识和把握知识应该遵循一定逻辑或规律；另一方面，人的认知活动也是具有稳定的规律可循的，如由简单到复杂、由形象到抽象等。此外，人们常说的"知情意行"还揭示了人的心理活动和社会活动也是具有规律性的。无论是知识的逻辑或规律，还是人的认知活动的逻辑和规律，教师职业的"术业专攻"恰恰反映在对这些逻辑和规律的认识与把握上。因此，面对情况各异的学生，教师在教育教学活动中有责任和义务引导他们成功完成各项任务，而不是简单地放任或者是拒斥。

（三）勤于沟通

勤于沟通是指教师能够做到经常与学生交流，及时了解学生在学业和生活上的整体状况，准确把握其思想、观念、情感和态度，只有这样，教师才能有的放矢地系统设计教育和教学方案，确保学生在学业和品行等方面始终处于教师的有效指导之下。然而，在现实生活中，我们经常能够了解到，由于教师疏于与学生沟通，或者即便有所沟通也是极为简单和肤浅的，最终导致了很多追悔莫及的后果，如学生在学校因病情发现较晚而耽误了有效诊治的时间；再如因教师忽视了学生之间的纠纷最终导致械斗，造成身体伤害。此外，教师在教育教学活动中更应重视与学生之间的整体沟通，一方面是因为只有及时地与更多的学生进行沟通，才能保障教育教学活动的最优化，才能最大限度地满足大多数同学对教育教学的要求；另一方面，我国新一轮的课程改革积极倡导研究性教学，如果教师对学生缺少必要的沟通，既不会产生合理的研究性选题，更无法保障研究过程能够顺利进行。

（四）公平公正

在教育教学活动中，无论我们对师生各自活动的重要意义进行何种解释，有一点是毋庸置疑的，那就是教师在掌控整体活动上确实具权威性。因此，在教育教学活动的设计上，教师永远具有"后台"特征，相同的是每一位同学都被教师编入了课堂教学活动的脚本之中，不同的是不管是主观原因还是客观原因，他们的角色会不尽相同；这种角色差异既会造成教育教学活动境遇上的差异，也会造成师生交往境遇上的差异，二者通常还会相互交织，相互影响，最终结果往往反映在两个方面：一是学生与教师产生差异性情感距离，二是学生学业成绩产生差异性距离。这提醒教师，对学生的爱心应该超越世俗的情感和价值观，亦即有的学者所倡导的教师对学生应该培植理性的爱，要求教师对学生应一视同仁，决不能厚此薄彼。成熟的教师一方面知道很难做到这一点，因为既然教师具有真情实感，就很难不受常理所左右；另一方面他或她也知道，每一个生命个体都是充满希望的，都能够因为受到适合的教育而成才。因此，公平公正地对待每一位学生，既是教育的本质的呼唤，也是教师职业文化的重要内涵。

第二节
课堂上的教师礼仪

🎯 学习目标

1. 理解课堂上师生之间存在的人与人之间的关系、成人与未成年人之间的关系以及专职教育者与学生之间的关系。
2. 掌握教师课堂教学的活动特性及礼仪。

课堂是师生交往最频繁也是最重要的场所。在课堂上，师生之间以教学活动为载体，以学生全面成长与进步为目的，通过双方和谐而有效的配合，一步步完成课程目标。教师课堂上适切的礼仪是师生和谐而自然地配合、实现课程目标的重要因素。

一、课堂教学活动的特性

由教师和学生相互配合、共同完成的课堂教学活动，与其他社会活动相比较，具有独特性。课堂教学，大规模、高效、省时、系统性强，有助于大面积提高教学效率和质量，但难以照顾学生的个别差异，也存在着学生动手操作少、实践能力弱的缺陷。如何在课堂教学的背景下关照每一个学生，也是教师礼仪与修养的重要内容。

（一）个体性

教师教学活动的个体性是指在学校班级授课制、分科教学的背景下，具体学段的任何一门课程通常是由一位教师单独完成的，这意味着每一位任课教师在课堂上对学生的影响是独立完成的，也意味着教师影响学生的机会是均等的，因此，对于学生而言，每一位教师都是相对独立的影响之源。任何一位教师都不应该忽视自身对学生的影响，都不应忽视自身的每一处细节对学生的影响，都不应降低对自身专业素养的要求。

教师教学活动的个体性还反映在教师的各自教学风格上。我们知道，教学风格是成熟教师的重要标志，而在各个教育阶段、各个学科的课堂教学中，并不存在对于每一位教师都适用的教学风格，教学风格通常是教师个人气质、个性与专业思想、生活观念的有机融通。在课堂教学活动中，教师展现给学生的不仅仅是知识，还有观念与意识、情感与态度，可以说展现的是一个人的完整生命。总而言之，在课堂教学活动中，从着装到修饰，从言语到形体，每一位教师都不应忽视对学生潜移默化的影响。

（二）协同性

分科教学有利于科学知识的系统和有序传承，但容易造成学生对知识不能很好整合的后果。因此，教师在教学活动中进行课程融合并尽可能进行整体把握，是消除分科教学不利因素的重要途径。同时，更为重要的是，教师间的沟通与协作应成为教师专业发展的重要素养。每一位教师对学生的影响都是全面而深刻的，无论是交往准则还是职业礼仪，教师应有意识地将个体认知同整体的行为规范相融通，也就是说，所有教师的努力，只有实现方向和作用点的一致性，才能确保功能的最大化，从这一点上来看，无论是穿衣戴帽还是言谈举止，教师在课堂上的礼仪只有实现了高度的一致，即形成合力，才能保障教育和影响作用的最优化。

（三）间接性

教育和教学本身是一项复杂的活动，教师的教学活动归根结底必须通过学生自身的努力才能产生作用，教师无法直接将知识、能力、情感、态度、观念、情谊直接"搬进"学生的头脑，在教学活动中，教师仅仅发挥着"二传手"的作用，传递得是否精当、准确，制约着整体的活动质量。但是，问题的关键更在"接受系统"。因此，一方面，教师必须动用一切可以利用的手段，全方位提高"传递"的质量；另一方面，教师必须调动学生自己的积极性，才能真正实现教学的目的，在这个意义上，教师的教育教学方法、对学生的态度，以及教师与同学交往的行为准则和礼仪，就是非常重要的因素了。

📢 名人名言

不是铁器的敲打，而是水载歌载舞，使粗糙的石块变成了美丽的鹅卵石。

——泰戈尔

（四）脑力劳动和体力劳动的兼在性

对于教师职业活动具有脑力劳动特征的认识，很少会有人对此提出质疑；但如果说教师职业活动还兼具体力劳动特征，恐怕就会有很多人提出质疑了。教师职业的高发疾病有眼疾、呼吸道疾病、消化道疾病、内分泌系统疾病、骨关节疾病、神经精神系统疾病六种之多。其中，除呼吸道疾病显然和教师职业的劳动形式有关外，眼疾、消化道疾病、内分泌系统疾病、骨关节疾病以及神经精神系统疾病则明显既与教师职业的劳动形式有关，更与这一职业的普遍劳动强度有关。从创立班级授课制至今，国内外的约定俗成的惯例是不允许教师坐着上课的，其主要原因在于教学活动兼具科学性和艺术性的认识，事实上，这一认识来源于教学活动的内在规律性，决定了教师角色作用的复杂性和有限性认识，正是本着"动用一切可以利用的手段"的原则，教师必须全方位地增强教学的感染力，所以，教师在课堂上一方面争取让身外的每一个物体都具有教育性，另一方面当然得争取让自身的每一处都投入到课堂教学活动中。站立授课有助于全身心投入和全身心配合，这既是教师职业的行为规范，也是教师在课堂上与学生交往时的一种礼仪，它内隐着对教育教学活动规律的尊重、对学生的关爱和对教育事业的忠诚。

二、课堂上的教师礼仪

教师在课堂上的礼仪主要包括问候、道别、发式、着装、装饰、态度、表情、体态、语言九个方面的内容。

（一）问候

师生相互问候是一堂课的开始。

师生之间的温馨问候，可以为双方全身心投入随之展开的教学活动奠定良好的情感基础和心理基础，正如许多具有丰富实践经验的中小学一线教师指出的那样：一堂成功的课是从师生之间的诚挚问候声中开始的。

教师刚刚走进教室，学生会集体起立，并齐声问候："老师好！"

面对学生的诚挚问候，教师应面带微笑，表现出对来自同学的问候的享受和尊重；稍作环视，立刻真诚回复："同学们好！请坐！"

（二）道别

下课时，师生应相互道别。

师生道别通常起于教师教学的结束性语言"这节课就（上）到这，下课！"，随之，学生会集体起立道别："老师，再见！"在同学向教师道别的时候，教师一定要珍视这份情感，不能只顾低头收拾教案或教具，或扭头忙于别的事情，更不能漫不经心或急于离开，而是含笑会意，和颜道别："同学们，再见！"

一堂好课，教师和学生都能感受到一种全新意境的生成。下课之前，师生之间的依依惜别，既可以为这种意境的生成提供一种强化作用，也为后继新的意境的生成留下弥足珍贵的心理期待。

（三）发式

发式即头发的样式，是人的仪表的重要组成部分。男性教师选择发型的自由度相对较小，但不管是何种法式，应做到前不过眉，后不盖脖，侧不遮耳。女教师的发式相对较多，可以根据脸型、体型、年龄选择优雅大方的烫发、光亮自然的直发或干练利索的短发。中国素有"少爱发，老爱髻"的传统，所以不论是男教师还是女教师，无论留长发还是短发，既不能太长，也不能过短，更不能学演艺界公众人物将头发染成各种颜色，否则会因为"刺眼"而分散学生的注意力；此外，教师在自我设计发式的时候，还应考虑到对中小学学生性别和个性的影响。教师应养成勤洗头发的好习惯，定期修剪，课前梳理，保持仪表干净整洁，给学生留下美好的印象。

（四）着装

着装即穿着，主要包括衣裤和鞋帽。在现代生活中，每个社会成员都在有意无意地通过自己的着装传递个体的一定信息，因为着装内隐着人的志趣和习惯，是一个人的"象形文字"。教师是以育人为己任的重要职业，课堂是探究知识和真理的神圣场所，所以，教师着装应大方、整洁、得体，不应穿着过露、过短、过紧、过透以及居家便捷或简易性的服装，如睡衣、制服短裤、拖鞋或鞋托等。此外，教师在着装时，还应注意如下两个方面：一是应遵从"三色"原则，即着装色彩以少为宜，以精为妙，颜色不宜超出三种，否则会给人以"闹眼睛"的感觉；二是注意将着装与教学风格有机相融。教师专业成熟的一个重要标志是形成自己特有的教学风格，由于着装内隐着人的志趣和习惯，所以，教师应注意自身着装的"说意"功能，充分发挥着装为教育教学服务的作用。

（五）装饰

装饰即起装点、修饰作用的小型配件和饰物。根据修饰的部位不同，装饰可分为发饰、面妆、耳饰、颈饰、腕饰和指饰六类。从总体上看，教师应避免佩戴夸张、复杂或颜色过于鲜艳的饰物，以免分散学生的注意力，影响课堂教学质量。幼儿园和小学低年级教师的着装包括肩包上的挂件不能佩以锐利或表面不光滑的装饰物，以免对孩子造成伤害。

1. 发饰

在我国，发饰起源于商、周时代的成人礼仪，即男人的冠礼和女人的笄（jī，意同髻）礼。女教师为了保持头发整洁和工作方便，通常会佩戴一定的饰物，但应避免选择那些图案花哨、光亮刺眼和体积过大的饰物。

2. 面妆

面妆即面部化妆，是人类文明进程的一项重要内容。教师化妆应注意三个问题：其一，以淡妆为宜，好处是既显天生丽质，又防色、味"袭人"；其二，注意粉底、眼影、胭脂、口红与着装和教师年龄协调一致；其三，既要避免妆面残缺，又要避免在公共场合化妆和补妆。

3. 耳饰

在我国，耳饰较为简单，主要是女士佩戴耳环。耳环位于脸的两侧，其美的效用来源于对脸部平衡的烘托。女教师佩戴耳环应注意三点：一是根据脸型选择耳环的形状，并注意耳环质地与服饰的和谐搭配；二是避免款式新潮复杂和颜色光鲜耀眼；三是戴眼镜的女教师不宜佩戴耳环。

4. 颈饰

颈饰是指环绕脖颈的装饰品，饰物主要有项链、绸巾等。在我国，颈饰主要是由妇女、儿童和部分非汉族民族佩戴的。女教师佩戴颈饰，一要注意与脖子的外形、着装、其他饰物以及年龄等因素和谐一致；二要注意尺寸不宜过长，材质、颜色不宜过于复杂；三是由于有些材质的项链与宗教人士脖颈配饰物具有相似之处，所以教师颈饰材质的选择应避免与宗教配饰相像或混同，这一点对男教师也适用。

5. 腕饰

腕饰是人们手腕部位的装饰物，主要包括手镯和手链。随着人类文明的演进和工艺的进步，手表也被越来越多的人视为一种装饰品。在日常生活中，手镯和手链最初是妇女和儿童佩戴的，近年来，我们时常会发现，一些男士开始佩戴手链。女教师佩戴腕饰，既要注意与着装、服饰的搭配，还要注意工作的方便性与安全性，不能因为佩戴腕饰而影响教育教学相关工作的正常开展，更不能因为腕饰划伤同学的肌肤或器官。此外，与颈饰相同，男女教师在选择腕饰的时候应避免其材质与宗教配饰相像或混同。

6. 指饰

指饰即戒指，是装点手部的饰物。在我国，佩戴戒指的习俗形成于西汉初期的宫廷，后来流传到民间。近年来，由于中西文化不断交融，戒指的意涵也不断融通，但除了具有一般手部装饰意义之外，主要是作为爱情的信物或者是表征情感的状态，譬如小手指戴戒指意为独身主义；中指戴戒指意为处于恋爱之中；无名指戴戒指意为已经订婚或结婚。戒指一般佩戴在左手上，且不可一指多戴。男女教师佩戴戒指同佩戴腕饰相同，要注意工作的方便性与安全性，不能因为佩戴指饰而影响教育教学相关工作的正常开展，更不能因为指饰划伤同学的肌肤或器官。

（六）态度

态度是人们基于自身的道德和价值判断，通过言语、表情和行为，对他人立场、观点、行为的自主反应，如拥护、反对、喜欢、厌恶、关心、漠然等。态度是在人与人交往时个体意向和情感表达的重要途径，是个体交往价值特性的自主体现，也是深化交往关系的媒介与桥梁。无论是师生之间的基础关系还是一般关系，抑或是特殊关系，积极、坦诚的态度是保障各种关系稳定发展的基础，是顺利完成教育教学任务的保障，因为有效的交往既表现在主体间的毫无保留，更表现在个人行动计划的合作化。[1]

🔊 教育家语录

以轻蔑和傲慢的态度对待学生，就会使他跟自己疏远，因而破坏教师自身的威信，而没有威信就不可能做一个教育者。

——马卡连柯

1　［德］哈贝马斯. 交往行动理论（第一卷：行动的合理性和社会合理化）［M］. 洪佩郁，蔺青，译. 重庆：重庆出版社，1994：8.

（七）表情

表情是人的情感、态度等主观意向的面部显示。人与人之间的交往通常以个人的情感和态度的有效沟通为基础，而丰富的表情是快速、准确表达个体意向的有效手段。在课堂教学中，教师与学生之间的交流也要凭借诸多的手段，在介绍知识、剖析问题、提出疑惑、表达赞许的时候，表情和语言如同孪生姐妹，有效的配合能够使教师意向的表达更丰富多彩，更具感染力和感召力。

（八）体态

体态是指人的身体的姿势和形态。由于人的形体动作具有丰富的表达样式，因此，它也是准确表达人的主观意向的重要形式。在课堂活动中，教师的体态既可以不动声色却明确无误地表达他（她）的态度，如课堂上教师在座位巡视时悄然停顿的脚步；教师的体态也可以令人瞩目并极具震撼力地表达他（她）的情感，如步履匆匆或非同一般的手势。研究表明，教师在教学过程中，根据具体的情形和教育教学任务，适中的体态可以恰到好处地发挥积极作用，但形体变化幅度不可过度放大，否则会导致学生注意力在方向和持续时间上的负向迁移。

（九）语言

标准的普通话是教师的职业语言，规范的教师职业用语要求教师在遣词造句方面要符合现代汉语习惯和普通话标准。语言是一门艺术，教师在教学实践过程中掌握这门艺术，不仅能准确文雅地讲解知识，而且还可以透彻精辟地说明道理。在课堂上，教师借言语活动所传递和培养的不仅仅是形式上的技能与知识，还包括潜移默化的人格与精神涵养。教师应将准确、生动地使用语言视为最具基础性的职业素养，通过练就自身的语言风格来完善自己的教学风格。

第三节
课外活动中的教师礼仪

学习目标

1．了解课外活动的分类。

2．掌握教师在不同课外活动中的礼仪规范。

师生之间的交往除了在课堂之内，还在课外活动之中。课外活动是在课堂教学之外，由学校或校外教育部门组织、指导的，用以补充和扩展课堂教学，实现培养目标的一种教育活动。师生交往的课外活动包括校内个别辅导、校本活动和校外实践教育活动三方面的内容。由于课外活动的目标、场景和师生交往的途径、方式有一定的差异，因此，教师的礼仪也有所差异。

一、校内个别辅导中的教师礼仪

因材施教已经成为教育活动的一条重要原则。其主要表现为教师根据学生发展的具体特征，因人而异地设定目标、途径和方法。校内个别辅导就属于因材施教的主要途径和方法。

（一）校内个别辅导的教育目的与形式

1. 目的

针对学生的个体差异性，因人而异、有的放矢地对其进行品行或学业辅导，以期学生能够在原有水平的基础上，在教师的帮助和指导下，后进变先进，先进再进步。

2. 形式

（1）学校生活辅导。学校生活辅导是指班主任、生活教师或任课教师对思想、观念、习惯、品行等方面滞后的学生进行单独沟通、疏导和教育的过程，其途径可以是跟踪辅导，即选择学生正常的学习和生活的场景进行辅导，也可以在其他场所如教师的办公室、学校专门设置的生活辅导室内进行辅导。

（2）课程辅导。课程辅导是旨在解决学生课程学习中产生的相关问题所进行的专门辅导。课程辅导的主要途径有两个，一个是随堂辅导，即在教学活动中对学生个体出现的问题进行辅导；另一个是课后在教师办公室或其他空间进行辅导。

（3）心理辅导。心理辅导是学校教师（包括专职心理教师、班主任或任课教师）通过交流与辅导，帮助学生个体正确认识自己，接纳和欣赏自己，进而改变自己的不良意识和倾向，充分发挥自身潜能，不断争取成功的过程。个体心理辅导的主要途径有随机、门诊、书信、电话和网络辅导五种。

（二）个别辅导中的教师礼仪

1. 跟踪、随机或随堂辅导礼仪

无论是生活辅导、课程辅导还是心理辅导，当教师采取跟踪、随机或随堂辅导时，应当注意两个方面的问题：一个是避免对主场活动的干预和影响，二是应充分考虑到现场环境对辅导活动的基本要求。跟踪、随机或随堂辅导的优点是具有随机性和灵活性。由于学生产生的问题有可能当场发现、当场解决，所以能够及时把握时机，不至于使问题进一步发展或恶化。但如果忽视方式和方法，容易影响、干扰甚至是中断主场原本的教育教学活动。另一方面，个别辅导本应选择教师和学生单独面对的场合进行，在跟踪、随机或随堂辅导的场景中，这种辅导就成了"在集体中进行的辅导"，为了避免由此带给学生巨大的冲击，也为了避免个体辅导变成团体辅导，教师的语气、语速、形体动作均应限定在个体辅导范围；此外，考虑到这一方式不具备个别辅导的私密性，因此，教师在语汇和态度上应考虑到学生的感受和可接纳的程度。

2. 在办公室或生活辅导室辅导礼仪

教师办公室和生活辅导室一般是生活辅导和课程辅导的主要场所。由于办公室或生活辅导室是教师工作的场所，它们在学生心目中或多或少地带有"后台"特征，即带有特权的场所。通过对师生关系的分析我们能够了解到，个体辅导中的师生并未改变彼此的身份和相互间的关系，但是，由于辅导的对象通常是在某一方面带有"问题"的学生，所以，在走进教师的办公室或生活辅导室之前，学生的情绪会有不同程度的波动，表现出忐忑甚至是极度的焦虑。因此，当教师选择在办公室或生活辅导室进行辅导的时候，应充分考虑到那里对学生心理的影响，应通过积极采取相关措施，努力消解学生的这种心理。譬如，在辅导过程中，教师应避免双手叉腰或交叉于胸前，因为这种姿态表征的是相异的地位、权力以及与心平气和相反的态度；教师也不能一边饮茶或做其他事情（如批改作业）一边与同学沟通，因为这表征着疏忽和轻视。如果有其他教师或者同学在场，教师的语气、语速、语汇、态度以及形体动作一定要顾及学生的感受，选择能为学生接受的途径和方式进行有效沟通。此外，现有的一些师生纠纷或案件表明，当房间里只有教师和学生两个人的时候，不管是同性还是异性，也不管学生的年龄多大，房门应该开着，无论如何不应反锁上。

3. 书信、电话和网络辅导礼仪

在学校里，书信、电话和网络是常见的生活、课程和心理辅导的途径。与办公室和生

活辅导室相比较，采用书信、电话和网络等方式进行生活、课程和心理辅导的最大特点是师生可以在各自独立的空间进行沟通，可以避免面对面带来的不便和不安。通常，师生选择书信、电话或网络形式进行辅导和沟通，多半是出于这一考虑。因此，教师在采用这三种方式中的任何一种进行辅导和沟通时，首先要考虑到学生的私密要求和心理的承受能力。

教师采用书信形式与学生进行辅导和沟通应注意三个问题。第一个问题是格式，如书信一般由称呼（称谓）、正文、敬语、落款及时间四部分组成；称谓应在第一行顶格写，后加冒号。第二个问题是注意正文的可读性和感染力。可根据学生的身心发展特征和沟通内容，采用不同的文笔和风格进行说理和表意。第三个问题是注意时效性。做学生思想工作应该趁热打铁，切忌犹豫不决和一拖再拖。

使用电话进行辅导应注意两个方面的问题。第一个问题是由于这种方式缺乏面对面交流的特有氛围，因此，教师应该特别注重创设相互信赖、坦诚交流的话语氛围。第二个问题是做好必要的笔录。电话辅导不是闲聊，无论是生活辅导还是课程辅导抑或是心理辅导，都要求教师要善于通过对方的话语准确认识和把握问题。因此，清晰、准确地记录关键性问题是非常必要的。

网络辅导一般是师生通过各自的网络邮箱、网站文字或音像交流平台以及单位的网络交流平台等进行沟通与交流的方式。网络辅导兼具便利、及时、独立等特征，教师在使用该种方式进行辅导时，一要注意沟通与交流的私密性；二是及时整理，做好记录；三是准确归类和归档。

二、校内集体活动中的教师礼仪

中小学校内集体活动大致包括统一活动和校本活动两类。统一活动是国家或地区教育行政部门明确要求开展的活动，属于"国家课程"和"地方课程"；校本活动是学校为了全面实现培养目标，基于学校自身发展的实际需要和条件，如建设目标、发展特色以及本地区、本校的教育资源等，因地制宜设置的群体性活动，属于"校本课程"。由于校内集体活动通常需要教师组织、指导或参与，因此，也是师生相互交往的重要活动，需要教师自觉地遵行相应的规范与礼仪。

（一）校内集体活动的目的与形式

1. 目的

中小学学生正处于发育期，心智和身体器官尚未成熟。校内集体活动的目的是通过开展国家和地方统一要求的活动和校本活动，最大限度地促进学生的全面发展。

2. 形式

我国中小学在校内普遍开展的活动主要包括眼保健操、课间操、文体活动、游戏、特长与兴趣小组活动、节日庆典及其他专项活动等。

（二）校内集体活动中的教师礼仪

在校内集体活动中，师生既不要因为学校课堂教学活动的刻板体验影响了集体活动中的师生关系，也不要因为集体活动的趣味性和开放性而遮蔽了集体活动中师生关系的教育性。

1. 组织、参与眼保健操礼仪

在教师参与或组织学生做眼保健操时，切忌因为个别学生的非规范举止、缺乏认真的态度或者其他原因大声训斥、批评学生，因为做眼保健操的整个过程是需要闭目进行的，而人在这种状态下通常会缺乏安全感，哪怕是轻微的刺激也会引发一定的生理反应，即睁眼。因此，教师大声训斥或批评学生，会对全班同学正常做眼保健操产生破坏性影响，若长期如此，会使眼保健操的功效大打折扣。如果教师在学生做眼保健操时不得不发表意见的话，应该轻声、舒缓，以不妨碍学生正常做操为宜。

2. 组织、参与课间操礼仪

为了达到消除紧张与疲劳，使大脑得到休息的目的，我国中小学的课间操以体育运动为主要内容，因此，学生一般会按照运动的需要"全副武装"，并表现出极大的热情。教师在组织、参与课间操时，首先应该和同学一样"全副武装"起来，这既是运动的内在要求，也是一种重要的态度示范。其次，教师应该理解，课间操虽然属于学生的"必修课程"，但切忌将课堂上的刻板要求移植到课间操中来，只要学生安全、快乐地运动起来，目的就达到了。再次，课间操之后的课程的任课教师不要苛求学生在课程一开始就能全身心地投入教学，因为持续的体育运动将在一定程度上改变人的部分生理指标和状态，如血压、心率与呼吸，这通常会伴之以特定心态和体征，完全平复下来会因人而异地需要一段时间。

3. 组织或参与文体、特长及兴趣小组活动礼仪

由于文体、特长及兴趣小组活动均符合少年儿童活泼的天性，因此，往往是中小学学生

的"最爱"。学生们也喜欢爱玩的老师，尤其喜欢那些"很会玩"的老师。[1]教师在组织、参与学生的文体、特长及兴趣小组活动时应注意以下四个方面的问题。首先，缘于钟爱文体活动和自身特长、兴趣等方面的原因，时下一些文体明星或某些领域杰出的专业人士会成为中小学学生偶像式重要他人。亲其师方能信其道，共同的爱好是缩短师生情感距离的最佳途径。所以，无论是出于教书育人的需要，还是出于陶冶自身性情的需要，教师应该有意识地培植或拓展自己的人文和科学素养。其次，与组织或参与课间操相似，教师应努力避免将课堂上的刻板要求移植到文体、特长及兴趣小组活动中来。须知，文体、特长及兴趣小组活动同样是实现学生全面发展不可或缺的重要途径。再次，既然学生特别喜爱文体、特长及兴趣小组活动，不管是组织还是参与，教师都应该言而有信，话出必行。最后，由于文体、特长及兴趣小组活动通常是在欢快或专注的氛围中进行的，加之交往的机会增多，因此，交往的规范和礼仪容易被师生双方忽略，而应有的理性一旦被遮蔽，师生之间的应有的关系就会在不知不觉中一点点失落，最终引发出各种破坏规范甚至是突破师生关系底线的严重问题，教师必须对此有着清晰的认识。

4. 组织、参与节日及其他专项活动礼仪

我国的中小学在每个学期都会次数不等地举行一些庆典、纪念或其他活动，如前文列举的在六一儿童节、五四青年节、元旦佳节以及高中学生年满18周岁时通常都要举行的相应活动等。从活动场所来看，这类活动可以分为校内和校外两部分。校内活动应贴近学生发展的内在需要，坚决杜绝一切形式主义的做法。毋庸置疑，尽管借调中小学生参加校外庆典活动的现象已备受批评，但仍未得到杜绝。组织学生参加一些有意义的活动是完全必要的，因为适切的活动有助于学生成长和发展。但是，必须坚决杜绝利用中小学生纯粹点缀、装扮成人社会的做法。教师在组织、参与这些活动时，应注意以下事项。第一，不管是何种活动，无视学生利益、损害学生身心健康的必须得到有效制止，类似在自然灾害面前"让领导先走"的丑恶行径必须得到法律的审判和制裁。第二，学生参与社会庆

1　张铁道，苏学恕. 孩子心目中的好老师［M］. 上海：华东师范大学出版社，2012：63.

典、纪念活动不能影响甚至是冲击学生正常的教育教学活动。第三，中小学学生在参加一些必要性的纪念、庆典活动时，教师要同样避免将课堂上的刻板要求移植到活动中来。非但如此，教师还应该通过在穿着、态度、表情、话语等方面的相应变化，烘托出重大集体活动特有的意义与氛围，确保活动目标有效达成。第四，中小学在一些节日或其他特殊时间还会举行类似郊游、游学、夏令营、冬令营等活动。在这类活动中，教师应注意的行为规范和礼仪可参照"组织或参与文体、特长及兴趣小组活动的礼仪"注意问题的最后一条要求。

在现实生活中，组织、参与节日及其他专项活动往往是师生矛盾的"高发区"，原因是新的任务与新的活动取代了常规教学活动，无论是随之而来的解脱感还是新任务、新活动带来的新奇感，师生都会产生异样的感觉。有效处理各种问题的关键是师生应该时刻以没有质性差异的人与人之间的关系即平等关系为基础，相互理解，彼此尊重。此外，教师应该充分认识并把握成人与未成年人、专业教育者与学生之间的关系特征，通过自身的不懈努力，呵护学生的潜能与天性，耐心培植，积极指导，引导学生健康成长。

三、校外实践教育活动中的教师礼仪

为了保障培养目标的顺利实现，中小学学生既要完成课堂教学的相关要求，还要完成校内的一系列集体活动，除此之外，还有一项重要的内容就是参加校外实践教育活动。

（一）校外实践教育活动的目的与形式

1. 目的

校外实践教育的目的是全面贯彻素质教育方针，通过走向社会、了解国情，学会做人、做事，增强社会责任感，培养并提高学生社会交往、组织管理、分析思考和实践创新的意识与能力。

2. 形式

（1）社会公益活动。社会公益活动是指为了公众的利益开展的相关活动，主要内容包括社区服务、环境保护、知识传播、社会援助（如助残助孤）、青年服务、社团活动、文化艺术活动等。社会公益活动的主旨是要践行社会主义公益精神，完善社会主义社会公益活动体系，提升社会公益活动的水平，营造团结协作、友爱互助的社会主义社会道德风尚。

（2）社会调查。社会调查是对现实生活中具有代表性和社会意义的现象、问题进行实地了解、分析和研究，进而把握社会生活的实际状况和原因，揭示社会现象和问题的内在关系以及社会发展的特征与规律的活动。中小学生进行社会调查，一方面有助于培养他们养成理论与实践有机结合的学习习惯，另一方面也有助于不断提高他们的探究意识与能力。

（3）生活能力拓展。学校教育是由专职人员和专门机构承担的有目的、有系统、有组织地对新生一代身心发展施加影响的活动。虽然学校教育是个体一生中所受教育的最重要组成部分，但它无法穷尽个人发展的所有需要，尤其是生活能力，因此，需要通过参加社会实践活动来进一步完善。

（4）通用技术训练。通用技术有别于专业技术，是日常生活中应用广泛、对广大学生的发展具有广泛迁移价值的技术，具有基础性和通用性。通用技术的学习过程综合了独立学习、合作学习、探究学习、体验学习等多种学习方式，因此，有利于培养学生自主建构知识，养成终身学习的愿望和习惯，并运用多种知识与技能改进生活，不断提升生活的能力与质量。

（二）校外实践活动中的教师礼仪

校外实践教育活动既是学生生活内容和场景的扩展，也是学校教育教学活动的系统性延伸。在校外实践教育活动中，对于教师和学生而言，虽然出现了新的组织和教育教学人员，但这只改变了原有教师的职能，师生之间依旧存在着基本的教育关系。

校外教育实践活动既是学生生活内容和场景的扩展，也是学校教育教学活动的系统性延伸。因此，教师在校外教育实践活动中，其职责与义务主要由两部分组成：一部分是来源于"学生生活内容和场景的扩展"带来的需要，另一部分来源于"学校教育教学活动的系统性延伸"带来的需要；前一部分要求教师要完成生活辅导和管理职责，后一部分要求教师要完成教育教学方面的辅导与管理职责。在校外教育实践活动中，教师的行为规范与礼仪主要是围绕这两部分展开的。

1. 教师在社会公益活动和社会调查活动中的礼仪

由于社会公益活动和社会调查活动几乎都是在社区或企、事业等单位中进行的，师生需要离开学校，与校外的部门和人员进行接触和交流。因此，教师需要注意的事项包括以下三个方面。其一，确保整个活动尤其是往返旅程的安全。一方面是因为交通状况方面的原因，另一方面是因为学生年龄和自制能力等方面的原因，教师必须对学生参加公益活动和社会调查活动的整个过程，尤其是对往返旅程给予特别的注意，坚决杜绝各种危险事故发生。譬如，在乘车旅程中，教师首先要保障旅程中每个学生都有座位，并提醒他们系好安全带，须知此时的第一要务不是礼节、礼貌，而是生命安全。其次，教师在与相关的组织和人员进行沟通和交流的时候，应落落大方，彬彬有礼，既不因教育的卑微而自小，也不因教育的显要而自大；既要考虑到人与人交往的基本原则，也要考虑到教师的一言一行对学生的深刻影响。最后，无论是社会公益活动还是社会调查活动，教师的言谈举止和着装修饰首先应该服从工作的需要，注意自身形象与活动主题和环境和谐一致。

2. 生活能力拓展活动与通用技术训练活动中的教师礼仪

无论是生活能力拓展活动还是通用技术训练活动，目前，我国各地区普遍的做法是以区、县为单位，融生活能力拓展和通用技术训练于一体，采取定点建设和统一组织，名称主要有"某某地区实践教育中心（基地）"或"某某地区素质教育中心（基地）"。教师在组织、参与生活能力拓展活动和通用技术训练活动中，应注意以下事项。第一，无论是生活能力拓展活动还是通用技术训练活动，由于各地区普遍实行定点建设和统一组织，因此，同样会涉及活动的整个过程尤其是往返旅程的安全问题，教师必须要以我国近年来不断发生的学生安全事故为戒，尽职尽责，坚决杜绝各种危险事故发生。第二，由于有些地区的基地或中心离学校较远，参与活动的师生需要集中住宿，对于学生而言，这涉及生活的习惯和能力两方面问题。因此，教师应该做好相应的辅导和组织工作。譬如，教师应事先向同学介绍住宿的大致环境和条件，提醒应带的生活备品，让学生在心理和物品上有所准备。第三，新的环境、任务和活动方式，既会让学生备感新奇，也会导致一部分学生产生适应性障碍，两种情况都容易引发学生产生问题行为。因此，教师对学生的言谈举止要特别留意，对他们的生活起居及日常活动给予格外的关照。第四，有些生活能力拓展项目是带有危险性的，如攀岩、索道滑行等，要求教师必须深入班队之中，做好组织、管理和相关工具的准备与检查工作。第五，新的环境、任务和活动方式，会在一定程度上消解以往师生在学校、在课堂上交往的基本规范，这要求教师首先要理性和冷静，既要自觉倡导和维护应有的师生关系，同时，也要根据生活能力拓展和通用技术训练等活动的特定要求，公平公正，坦诚以待，使生活能力拓展活动与通用技术训练真正成为学校生活的补充和拓展。

本章小结

师生关系在总体上可分为三个层面的关系，即人与人之间的关系、成人与未成年人之间的关系以及专职教育者与学生之间的关系。人与人之间的关系即没有质性差异的关系，它决定了师生之间的平等、理解和相互尊重的交往规范；成人与未成年人之间的关系是指成人与未成年人的关系，它决定了教师对学生的呵护、培植和引导的行为规范；专职教育者与学生之间的关系是指师生之间所具有的专业教育者与学生的主体间性关系，它规定了教师对学生的悉心、耐心和爱心的行为规范。教师职业道德培养是一个内外兼修的过程，向内生成教师职业文化，向外生成教师职业礼仪。古今中外，进步的教师职业文化主要表现在诲人不倦、循循善诱、勤于沟通、公平公正四个方面。师生交往中的教师职业礼仪主要表现在课堂教学、校内个别辅导、校内集体活动和校外实践活动四个场景中。教师的课堂教学具有个体性、协同性、间接性、脑力与体力兼具等特性，教师在课堂上的礼仪与行为规范主要体现在问候、道别、发式、着装、装饰、态度、表情、体态、语言等方面。校内个别辅导分为学校生活辅导、课程辅导和心理辅导三种形式。校内集体活动的主要形式有眼保健操、课间操、文体活动、特长与兴趣小组活动、游戏和节日庆典及其他专项活动等形式。校外实践教育包括社会公益活动、社会调查、生活能力拓展、通用技术训练等形式。缘于不同的活动目的和师生之间的基础、一般和特定的关系，教师在校内个别辅导、校本活动和校外实践活动中与学生交往，其行为规范与礼仪既有普遍性的一面，也有特殊性的一面。

总结 >

Aa 关键术语

重要他人
Significant Others

章节链接

链接第一章与第二章，复习其中关于师生关系的相关内容。

应用 >

批判性思考

新一轮的课程改革对教师观念的冲击是巨大的。譬如，相信每一位教师都知道师生关系应该是平等合作式的，问题在于：所有教师都认同这一观点吗？他们在教育教学活动中自始至终真的是如此贯彻践行的吗？教改的辅导材料也好，新闻媒体宣传也罢，基本上是按照西方国家的教育思想体系进行论证和阐述的，问题在于这种论述和阐述符合国人的思维逻辑吗？什么样的制度与策略更符合当下我国基础教育改革的实际需要？毋庸置疑，西方国家三百多年来的民主进程所取得的杰出成就是我们所不及的，简单套用理论并不适用我国国情，还不能从根本上解决问题，事实上大多情况下师生之间的交往还不是真正意义上的交往，因为教师并没有把学生视为实实在在的生命本体去加以悉心地呵护和培植，因为在社会生活中，如果平等、理解和尊重对于教师群体而言都是稀缺的社会资源，他们何以能够发自内心地认同平等的师生关系呢？由此看来，整个社会一方面要按照科学、进步的观念来促进教师的专业化发展，另一方面也要扎扎实实地为教师专业化发展做出不懈的努力。

✎ 体验练习

（一）以下一些自测题有利于您了解自己在师生关系方面的情况，请从A、B、C、D四个选项中选出您自己认为是正确的选项。

1. 在您眼中，教师在学生心中应该是_____的形象。

   A．害怕或恐惧　　　　　　B．严格或严厉

   C．富有亲和力　　　　　　D．和蔼且宽容

2. 在课堂上提出一个问题，您更倾向于让学生以_____方式来回答。

   A．集体回答　　　　　　　B．请举手的同学回答

   C．指定某个同学回答　　　D．让所有同学将答案写在纸上

3. 您在课堂上给学生布置学习任务时，_____会说明布置此任务的目的。

   A．一定　　　B．经常　　　C．偶尔　　　D．从不

4. 学生_____对您诉说生活或学业上的苦恼。

   A．经常　　　B．偶尔　　　C．从不

5. 您认为学生的学习成绩_____影响师生关系。

   A．肯定　　　B．可能　　　C．不会　　　D．不知道

6. 通常情况下，学生的学习成绩取决于_____。

   A．学习基础　　B．学习方法　　C．师生关系　　D.家庭教育

7. 在交流过程中，教师应注重了解学生的_____。

   A．学习　　　B．爱好　　　C．志向　　　D．苦恼

（二）根据文中画面的寓意，分析教师在教育教学活动中如何才能公平和公正。[1]

☕ 补充阅读

　　杨晓君在上小学的时候一直体弱多病，学习成绩自然不是很理想，父母觉得孩子的身体状况不好，自然不会对她的学习成绩寄予太高期望。

　　杨晓君上初中后，身体状况有所好转，各科学习成绩都有明显起色。初二时全年级开设了物理课，杨晓君所在班级的物理任课教师是一名回城女青年，姓李，可能是因为邻居关系吧，李老师对杨晓君总是像对亲妹妹一样给予关心和照顾，比如，点名让杨晓君做她的物理课代表；会不时地带给她一些学习用品，有时还有糕点或糖果；如果杨晓君在生活中遇到困难，李老师总是全力帮助解决；李老师值夜班的时候，也总是让杨晓君到她办公室，或者是指导她学习，或者是各忙各的，下晚自习再一起回家。说来也怪，杨晓君特别喜欢物理，更喜欢上物理课。有一两次李老师由于身体原因未能正常上课，杨晓君在课堂上感到格外不安，根本无法集中精力听代课教师上课，得知李老师生病后甚至一个人默默哭了起来。从初二到初三，杨晓君的物理课成绩始终在全班和全校中名列前茅，物理课成绩也是她所有课程成绩中最好的。即便后来上了高中，离开了李老师，凭借原有的基础和对物理课的钟爱，杨晓君的物理成绩还是在新班级乃至新学校名列前茅。当时，高考已经实行文理分科考试，可能是因为物理课的原因吧，杨晓君选择了理科。她高考那年，物理课是理科必考的课程之一，满分为100分，她物理得了97.5分，考进了清华大学物理系。

　　如今30多年过去了，杨晓君经常会向家人和朋友谈起李老师。逢年过节，只要有时间，杨晓君准会回老家探望早已退休的李老师。

1　图片来自网络，见http://baozoumanhua.com/articles/3754808.html。

📓 教学一线纪事 ||||||||||||||||||||||||||||||||||||||||||||||||||||||||||||||||||||||||||||||||||||||||

教师的尴尬[1]

我捧着教科书和教案匆匆走进教室，上课的铃声随之响起。照例是音乐响起，学生先做眼保健操。我准备好上课的用具，抬头扫视了一下教室，忽然看见上学期转学来的李霞没有做眼保健操，睁着大大的眼睛看着我。我提醒说："李霞，怎么不做眼操？"孩子站了起来，一本正经地说："老师，您为什么不做眼操？"没想到她会这么问，我伸出手，说："你看，我的手刚写过粉笔字，手上沾着粉笔灰，不能做呢！"她疑惑地说："老师，可是我从来没有看见您做过呀？"这时，原本在做眼操的学生也停下了动作，看着我，似乎也在等待我的回答。我心中有些不悦，心想：哪来这么多的话，管起老师来了。"这是学生做的眼睛保健操，老师做不太适合吧！""老师，不是的！"李霞不依不饶，"我以前上的学校，老师每次都和我们一起做眼保健操的！"她的话让我有些尴尬，灵机一动说："噢，是吗？你原来学校的老师做得好。不过，你们在做眼保健操的时候，老师经常要一边检查一边帮你们纠正，等你们能够自己认真、正确地做了，老师就与你们一起做，好吗？"我为自己找了个台阶下。

过后，我一直在想这件事。在日常的生活中，我们总是对孩子提很多要求，自己的示范行为却少，而且总为自己寻找这样那样的借口。大扫除的时候、升旗唱国歌的时候、做课间广播操的时候……我身体力行了吗？当老师的经常在嘴上说"为人师表"，但真正能够做到的又有多少呢？孩子的话无疑是对我的当头棒喝。我在心中下定了一个决心——从下一次开始，我要与孩子们一起做眼保健操。

拓展 >

☕ 补充读物 ||||||||||||||||||||||||||||||||||||||||||||||||||||||||||||||||||||||||||||||||||||||||

1　李兴国，田亚丽. 教师礼仪. 上海：华东师范大学出版社，2006.

教师礼仪是社会文化和教师职业文化的"合金"，是教师专业化发展的重要标志。教师的一言一行、一颦一笑，无不蕴含着教育的力量。本书从教师的个人形象、服饰、语言、师生关系、教师与家长沟通、同事共处、集会和社会交往八个方面，系统阐述了教师礼仪的基本常识和规范。

1　原题目是《老师，您为什么不做眼保健操？》网址为http://220.189.228.117/show.aspx?id=771&cid=171原载中国教师报.

2　张铁道，苏学恕．孩子心目中的好老师．上海：华东师范大学出版社，2012．

　　倾听孩子们的心声是了解他们心目中好老师形象的最直接、最有效的途径。本书精选了来自全国20多个省、市、自治区的近4000名中小学生的书画和文稿。孩子们用自己的画笔和质朴的语言告诉我们：好老师充满爱心，好老师知识渊博，好老师教学有方，好老师为人师表，好老师让孩子们铭记终身！

3　[苏联] B.A.苏霍姆林斯基．给教师的建议．北京：教育科学出版社，1984．

　　本书的作者B.A.苏霍姆林斯基是苏联著名教育家。为了解决当时中小学的实际问题，他依据教育发展和教师成长的规律，为中小学教师写了《给教师的一百条建议》。译者针对我国教育改革与发展的实际，选择了《给教师的一百条建议》的精华部分，另从作者的其他著作里选译了有助于教师开阔眼界、提高水平的精彩条目，仍为一百条，改称《给教师的建议》。书中每条谈一个问题，既深入浅出，又通顺流畅；既有生动的实际事例，又有精辟的理论分析。

4　[美]丹·克莱门特·劳蒂．学校教师的社会学研究．北京：人民教育出版社，2011．

　　本书是一部基于社会学视角系统探究教师文化的经典著作。全书由四部分构成：第一部分回顾了教学突出的结构特征；第二部分探讨了教师的招聘、社会化和生涯报酬；第三部分论述了教师赋予其工作的意义，以及教师在履行工作任务时的情感；第四部分提出了对于变革的推测。本书综合运用调查、观察、深度访谈等研究方法，真实地描绘了教师职业生活的意识和情感，揭示了教师的职业特质。本书对于提升我国当下中小学教师专业发展水平具有重要的参考、借鉴价值。

5　[德] 诺贝特·埃利亚斯．文明的进程．北京：生活·读书·新知三联书店，1998．

　　我们习惯把文明看成是摆在我们面前的现成财富，但本书告诉我们，文明是一种过程，是数百年逐步演变的结果，是心理逐步积淀规范的结果。传统社会学把人和社会看成是两个各自独立的实体，作者推翻了这种两分法，认为正是宏观的社会和微观的个人之间的互动激荡，形成了个人、国家乃至社会的整个文明的进程轨迹。作者将历史学、政治学、心理学、经济学、种族学、人类学和社会学等熔为一炉，使这部著作成为20世纪不可多得的一本百科全书式的人文经典读本。

💻 **在线学习资源**

爱班网http://www.iclass.com

传课网http://www.chuanke.com

多贝网http://www.duobei.com

第四章
同事关系中的
教师礼仪

　　教师同事间的交往礼仪是教师个人素质的综合反映。本章选取教师与同事交往的两个活动即"办公室日常活动"与"校内外研讨活动",来阐明教师在与同事交往中应如何遵循礼仪、"以礼行事",以完善自我、表现自我,彰显自己内在的品性和独特的人格魅力。

结构图

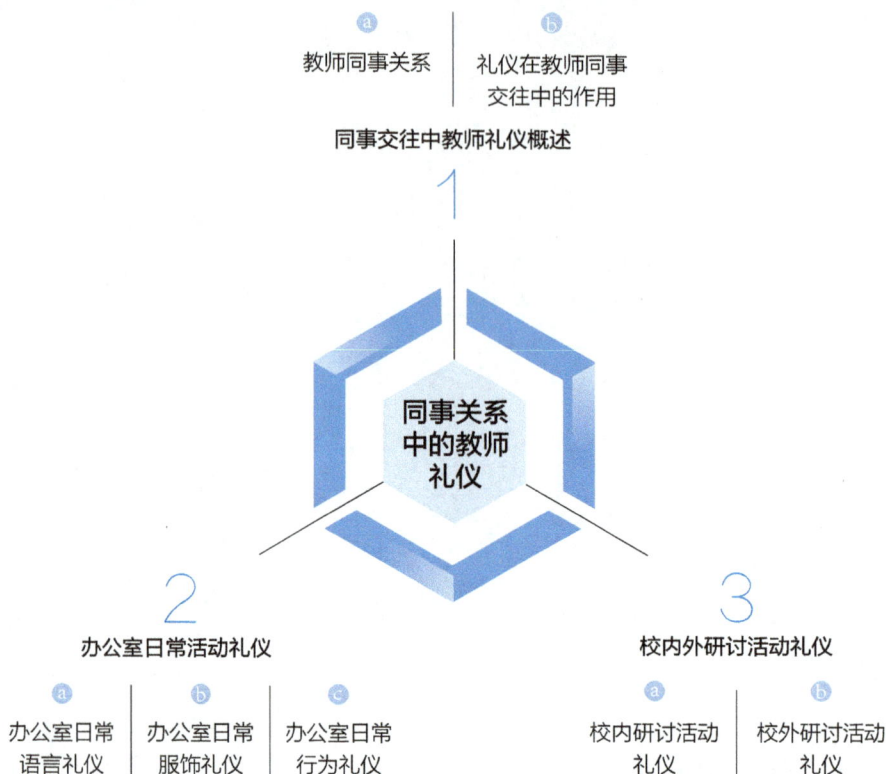

@ 教师同事关系　　ⓑ 礼仪在教师同事
　　　　　　　　　　　　交往中的作用

同事交往中教师礼仪概述

1

同事关系
中的教师
礼仪

2　　　　　　　　　　　　　　　　　　3

办公室日常活动礼仪　　　　　　　校内外研讨活动礼仪

@ 办公室日常　　ⓑ 办公室日常　　© 办公室日常　　　　　@ 校内研讨活动　　ⓑ 校外研讨活动
　语言礼仪　　　　服饰礼仪　　　　行为礼仪　　　　　　礼仪　　　　　　　礼仪

学习
目标

1. 了解教师同事间的主要关系及其礼仪行为。
2. 认识礼仪修养在教师同事交往中的重要作用。
3. 掌握在办公室活动中应遵循的教师礼仪规范。
4. 掌握校内、校外研讨活动中应遵循的教师礼仪规范。

读前
反思

　　教师同事间有着复杂的关系网络，不仅包括各任课教师之间的关系，还包括教师与学校管理人员、教务人员、教辅人员等人员之间的关系。面对种种关系，教师该如何规范自己的行为、修养自己的礼仪、涵养自己的德行，以维护和谐健康的同事关系？

1. 面对复杂的教师同事关系，我们应如何坦然处之？
2. 教师同事在交往过程中为什么要以"礼"相待？
3. 研讨活动中教师遵循哪些礼仪才能彰显自己的内在修养？

🔍　**案例**

　　王老师被一个调皮的学生气得简直晕了头，她怒气冲冲地走进办公室，用力把教案摔在桌子上，伴着浮起的灰尘发出"啪"的一声"巨响"。对桌的孙老师吓了一跳，不禁双眉微蹙，心里有些不舒服。但孙老师很快平静了刚才不满的情绪，或许王老师是因为生气而无意识地做出了这样一个动作，同事之间要相互理解、相互包容。于是孙老师给王老师倒了一杯凉茶并和气地说："学生就是孩子，他不气你还气哪个？我们还能当真生气！"简短的一句劝慰平息了王老师心头的怒火，不好意思地向孙老师点头致谢，一切归于自然。

　　以上案例中的孙老师是一位有修养、懂礼仪的人，她以自己的宽容与大度化解了与王老师之间的不愉快，其礼貌举止不仅平息了王老师心头的怒火，也潜移默化地感染了王老师，使她认识到自己的行为不妥，感到"不好意思"了。这就是"礼仪"的力量。

　　"礼者，所以正身也；师者，所以正礼也。无礼，何以正身？无师，吾安知礼之为是也？"（《荀子·修身》）只有"自正"才能"正人"。作为普通人，教师须具备基本的礼仪修养，正自身以便立身做人；而作为具有特殊身份、特别社会分工和担当着知识文化传播使命的人，教师又须进一步"正礼"，匡正礼之是非，甄别礼之真伪，示范礼之榜样。[1]所以，一个真正有修养、热爱自己工作的教师，不管是在办公室里，还是在教研活动中，都要与人为善、以礼待人，既要尊重同事有不同的爱好和兴趣，也要宽容同事偶尔的偏激和失误；既要理解同事有不同的教学方案和教学模式，也要尊重不同学科有不同学科的教学要求。总之，教师只有在交往中讲礼仪、懂礼貌、知礼节，才能在尊重对方的基础上，得到别人的尊重和友善，才能在教师间形成和谐、积极向上的同事关系，为学生树立榜样。

🔊　**名人语录**

　　以礼待人能够让对方信服，日后他会自觉地进行自我约束。以礼待人、以理服人能够为双方赢得对话空间，让对方能够文明地交换意见，而不是盲目幼稚地一味发泄。

——露辛达·霍德夫斯

1　冯海龙. 教师的礼仪素养与人格魅力［J］. 太原师范学院学报，2008（6）.

第一节
同事交往中教师礼仪概述

🎯 学习目标

1. 理解同事关系、教师同事关系的内涵。
2. 认识礼仪在教师同事交往中的重要作用。

礼仪是"发乎内而形于外"的肢体语言。多数情况下，人们施礼并非是纯粹的礼仪之举，而是借以表情达意。同样，人们也会有意无意地依据对方对自己的礼遇来分析其表达的感情意向，并以此判定是否与之交往以及交往的深浅程度。比如教师交往中，如果双方都能注意让自己仪表整洁、仪态端庄、举止文雅、言语文明，就会产生良好的"人际气候"，使彼此之间感到双方是相互尊重的，从而产生好感，拉近心理距离，建立和谐的交往关系；如果一方衣冠不整、精神不振、举止粗俗、傲慢无礼，则可能被对方视为骄傲自负、缺乏教养，从而产生反感，形成心理排斥，拒绝与之交往。所以我们应该懂得美德是精神上的一种宝藏，而使之生辉的则是良好的礼仪修养。正所谓"文雅客来勤"，以礼相交，久而敬之。[1]

教师个人的礼仪修养是形成和发展和谐同事关系的基础。教师间各种关系的发生与发展都要基于一定的礼仪规范和礼仪行为，正如孔子教子家训："不学礼，无以立。"规范的"礼仪"是教师正常人际交往的行为秩序，也是教师间沟通的桥梁和纽带。教师同事关系相处得好，可以减轻工作中的紧张和压力，调节情绪，提高工作效率；可以使整个团队形成一种向心力、凝聚力，对教育、教学、科研等各项工作都有促进作用。

一、教师同事关系

人们为了更好地生活和工作就必须结伴而行。教师群体的智慧是教学系统中不可或缺的资源，通过教师间的互动，既可以得到心理支持，又能够相互启发、借鉴、汲取力量，将每个人的优势整合为集体智慧，从而产生新思想。所以，搞好教师间的同事关系是教育成功的保障，也是一门必须学习和研究的学问。

（一）同事关系

"同事关系"可以拆分为"同事"和"人际关系"两个名词来理解。"同事"并不完全等同于"共事"，"同"字强调了平等、和谐、参与其中以及优势互补。所谓"人际关系"是指人与人之间在进行物质和精神交往过程中，由个体的个性进行调节，并以情感上的满意与

---

1 陈安萍. 论社交礼仪在人际交往中的功用 [J]. 安徽工业大学学报，2003（2）.

否为特征的比较稳定的心理关系，它反映了个体或群体寻求满足需要的心理状态。[1]通过以上两者的定义，我们可以把"同事关系"界定为：人们在同一组织、环境或者任务中所建立起来的短暂或长期的心理和社会上的联系。

一个人要想成就事业，就要先学会"做人"。而"做人"，在中国人的观念里是同人际关系联系在一起的。人际关系的好坏，往往决定"做人"的好坏。同事关系的好与坏在很大程度上建立在两个人的相处过程当中，然后再各自建立属于自己的交际网络。这样下去，每个人的社交网络也就基本形成了。"美美与共，天下大同"——同事关系切乎我们的工作、生活，在我们的职业生涯甚至生命历程中都至关重要，每个合格的工作者都应该具备形成并维持和谐同事关系的能力。

（二）教师同事关系

教师是一个相对特殊的职业，教师不仅对学生知识的习得、身心水平的发展及其未来的成就有着重要的影响，其职业道德水平也是国民素质的风向标。这种职业的特殊性自然造就了教师之间关系的复杂性。

有学者从学术活动和人际交往两方面把**教师同事关系**定义为"教师在日常生活、教学、研究和学习过程中信任、公开、支持和合作的关系"[2]。它不仅包括任课教师彼此之间的关系，还包括教师与学校管理者、教务人员、教辅人员等之间的关系。

> **教师同事关系**
>
> 教师同事关系即教师在日常生活、教学、研究和学习过程中信任、公开、支持和合作的关系。

教师间的同事关系实际上是教师集体内部的人际关系，是建立在共同的工作任务和特定组织环境基础上的，对于学校教学工作任务的完成具有重要意义。教师同事关系较其他社会工作者之间的同事关系而言，具有更明确的道德规范性，而这种交往行为淋漓尽致地展现出教师的修养水平。修养有内在修养与外在修养之分。内在修养是一种沉淀，表现为一个人的气质；外在修养则主要表现在一个人的行为规范上。不适当的竞争、个人的不良个性、人与人间角色差异等引起的矛盾都可能会破坏教师间和谐的同事关系。有时候办公室里的微小细节也可能是造成不良关系的症结所在，而恰当的行为规范则能使教师之间的冲突在自我调节和相互谅解中得以缓和和解决。每一个自尊自爱的教师，都应当把讲究个人礼仪当作获取成功的素质能力去培养。

教师同事关系不同于血缘关系。血缘关系是由婚姻或生育而产生的人际关系。如父母与子女的关系，兄弟姐妹关系，以及由此而派生的其他亲属关系，是人先天的与生俱来的关

---

1 张进清. 论情感管理在学校人际关系中的地位［J］. 教育探索，1997（6）.

2 景丽珍，杨贞兰. 同事关系对高校教师工作绩效的影响［J］. 高等教育研究，2013（34）：2.

系。教师之间的同事关系是建立在一起工作的基础上的，是后天建立的关系，可能与血缘一点联系都没有，但是它对教师的工作、学习、生活的影响可能比血缘关系还要大，"远亲不如近邻"说的也是这个道理。

教师同事关系又区别于朋友关系。虽然在相互有好感的基础之上，同事关系可以转化为朋友关系，但是不完全等同于一般的朋友关系。若是想把同事转变为朋友，就要学会用心经营，学会主动付出，从礼仪上帮助、关心、肯定、赞美别人，用真诚打开彼此的心；还要学会把冲突转化为成长的契机，要在礼仪上学会体谅，要理智地控制情绪，等到心平气和时，再去解决问题、化解矛盾；还要做到"敏于事而慎于言"，可以倾听、支持和鼓励，但不要过多地打探对方的隐私，更不能道听途说、四处宣扬。总之，作为教师，在工作中只有带着一颗友善的心，真诚地去帮助同事、团结同事，才能获得同事的信任和友情，才能拥有一个和谐共处的工作环境。

二、礼仪在教师同事交往中的重要作用

礼仪作为一种交往的手段，在教师同事关系中发挥着举足轻重的作用。教师在交往时互致敬重，按礼仪规范行事，能缓解、避免某些不必要的情感对立或思想障碍，使教师间的交往得以顺畅融洽地进行，从而建立良好的同事关系。所以，礼仪是教师间相互沟通、和谐发展的润滑剂。

（一）遵循礼仪规范能够避免恶意竞争，实现教师间文明、公平的良性竞争

在教学工作中，由于职称评定、学生成绩考核、教学质量评估等原因，教师之间的竞争可以说是无处不在。

🔍 **案例**

季老师和温老师同为某高中学校优秀的数学教师，然而，其他老师和学生都能强烈地感受到他们之间剑拔弩张的紧张气氛。为了竞争职称名额，两位老师各自为政，互不交流，暗暗较劲。温老师发表了几篇论文，季老师心中不服，见人就说："我看过他的文章了，自己的东西很少，听说他还找了'枪手'。"温老师也在背后经常议论季老师："他只不过是大专毕业，怎么可能把学生教好？上公开课的时候，他就讲错了好几个地方。"

当前，升学率的高低、学生成绩的好坏直接和教师的物质利益、个人荣誉挂钩。在这种评比方式的压力下，教师之间形成了种种不良的竞争心理：自己所教的班级不能落后，

其他教师的能力不能超过自己，甚至有些教师为了争名誉、评职称、拿奖金，根本不考虑其他教师的情感感受，一旦得不到相应的利益就嫉妒心起、恶言相向，真的是"同行是冤家"了。以上案例中的两位教师便是如此，虽然两位教师学识广博、经验丰富，但狭隘的竞争意识使他们的言行举止僭越了礼仪规范，议论他人、中伤同行，这种恶意竞争的结果必然是两败俱伤。

教学之间的竞争往往会使一些教师将同事当作潜在的敌人。事实上，只有教师间良性的竞争才有助于激发教师工作的积极性，强化教师的专业发展意愿，提高教师个体的反思能力。教师间的良性竞争应该是建立在遵循礼仪规范、维护同事权利和尊严基础之上的奋勇争先、比学赶帮、共同提高的竞争。在这方面，礼仪可以充分地展现一个教师的教养、风度和魅力，体现一个教师对他人及社会的认知水平和尊重程度。"温和有礼地待人处世会将侵犯别人的权利和隐私的可能性降至最低"，[1]只有这样做才能够不恣意妄为地进行恶意竞争，才能够为同事关系和谐尽一己之力。孔子在《八佾》中也谈到了这种"有礼"而争："君子无所争。必也射乎！揖让而升，下而饮。其争也君子。"孔子以射箭比赛为例，强调君子要做到文明竞争、公平竞争、正当竞争。同样，在教育教学活动中，竞争本身不是目的，通过竞争加强教师间的交流合作，实现共同发展才是目的。因此，不要把同事视为敌人，而要看作朋友，要礼让为先，正像孔子所描述的射箭比赛一样，赛前相互致礼，表示问候，赛后安慰祝贺，切磋交流，这样才能在竞争中既得到自身能力的提高，又保持个人学人君子的风度。追求双赢是教师竞争文化的重要原则和特色。

（二）遵循礼仪规范能够促进教师间通力合作，实现知识共享

俗话说："一枝独秀不是春，百花齐放春满园。"任何人都不能孤立存在，合作能力是每个人必备的基本能力。通过合作，教师可以为自己的专业发展创造更大的空间，也能够改进自己的从业态度、专业能力和知识结构。当然，同事间沟通、合作的桥梁是适宜的礼仪。

消极合作、虚假合作，以及"平均主义""混日子"等不良现象和行为，不仅有害于合作，更有损于教师的形象。

🔍 **案例**

地理会考在即，按照学校要求，八年级地理老师要在一起研讨制定一个系统全面的要点指南供学生备考复习。经过一番埋头苦干，三位任课老师分别拿出了自己整理的要点内容。冯老师是年轻教师，第一次带班参加会考，对一些要点知识把握不太准确；丁老师虽然经验

1　[澳]露辛达·霍德夫斯. 礼貌的力量［M］. 北京：中信出版社，2010.

丰富，但他平时不注重总结，所以临时汇总的内容不够全面；张老师整理的要点是大家最期待的，因为他是大家公认的地理"专家"，他任教的两个班一直领先于其他班级。三位老师最后讨论决定以张老师的要点材料为主，适当地把冯老师、丁老师一些好的内容补充进去。可是当要点指南发到学生手里时，细心的老师发现张老师班的材料比其他班多了一页纸。原来，张老师把一些"隐藏"的知识点附在了后面，这才是他经验的精华所在。

分享别人的劳动成果，自己却"留一手"，这不仅仅是个人品德的问题，也是对学生的不负责任，更是对同事不信任、不尊重的表现。合作本来是建立在相互信任、相互尊重基础之上的一种交往关系，冯、丁两位老师之所以愿意与张老师合作肯定是出于对他有信任、敬佩的认同感，而张老师不珍惜这种感情，为了私己利益欺骗了两位老师，从根本上来说这是张老师狭隘内心世界外在"失礼"的行为表现。

一般情况下，教师都重视合作对象的个性特点和行事风格，都愿意跟有责任心、诚信、做事认真、为人正直、谦让大度的教师合作。对于与自己脾气不相投、轻狂无礼、斤斤计较、没有责任感的人，教师们都不愿意与之合作。可见，遵循礼仪规范是实现和促进教师合作关系顺利发展的关键。因为：（1）尊重他人才能赢得他人的尊重。在实际教学工作中，教师要尊重同事的劳动，维护同事的威信，发现问题要及时补台，千万不要在学生面前贬低其他老师。只有尊重同事才能得到同事的尊重，这是同事合作的第一要素，也是有修养的表现。（2）礼仪是同事间沟通感情的桥梁。恰当的礼仪才使得教师间的沟通能够顺畅，各自交流心得体会、表达对教育问题的不同见解，抒发各自的情感体验，分享、反思自己的经验等。

当今社会是一个竞争与合作并存的社会，从某种意义上讲，有时候合作往往比竞争更为重要。尤其在教育工作中，随着现代化办学水平的提高、信息技术的广泛应用，教师之间的对话与合作已经成为教师专业发展的必然途径。新时期的教育"热切呼唤综合型教师"，它迫切要求教师必须打破以自我为中心的封闭式教学心态，改变文人相轻的不良习性，以开放的态势、尚礼的操行，全方位参与同事间的交流与合作，实现知识共享，最终实现教学水平的整体提高。

第二节
办公室日常活动礼仪

中国人历来重视天时、地利、人和的圆融氛围，以此体现构建良好公共关系的重要性。办公室是教师每天工作时间最长的地方，也是和同事相处时间最长的地方。如果办公室关系融洽和谐，教师就会感到心情愉快，有利于工作的顺利进行，反之则会影响工作的正常开展。教师若想处理好同事之间的关系，就需要认真践行办公室日常活动礼仪。

一、办公室日常语言礼仪

语言是礼文化的一个重要的组成部分。《礼记·表记》中说："无辞不相接也，无礼不相见也。""辞""礼"并举，以见"礼"必有"辞"，"辞"必合"礼"。[1]一个新时代的教师必须具备良好的语言修养，准确把握语言技巧，使自己的语言符合"礼"的要求，使同事对自己产生敬重感，树立良好的"交往形象"。教师可以从以下几方面约束和修养自己的语言行为。

（一）语言要规范，使用普通话

小郑老师给曹老师捎了个信："曹老师，冯主任在办公室等着你过去商量开运动会的事，你快去吧！""我赶么（bou）过去，赶么（bou）过去。"曹老师边忙手里的活边说着。"什么？赶不过去？怎么这样不尊重领导呢？冯主任还等着呢！"小郑不免嘀咕起来，是给冯主任解释一下还是再催一催曹老师？小郑犹豫之间却见曹老师站起身走向冯主任的办公室。咦！怎么又去了呢？小郑真是丈二的和尚摸不着头脑了。

原来，曹老师的方言"我赶么（bou）过去"是"我赶紧过去"的意思，被小郑误听成"我赶不过去"了。曹老师的方言险些引起一场误会，所以为了避免此种事情发生，教师之间应该运用规范的语言——普通话进行交流。使用普通话可以准确、快捷地把信息传达给对方，不要因为使用南腔北调的方言而使同事听不清、听不懂，耽误时间，甚至产生误解，引起不必要的疑惑和隔阂。

（二）语气要得当，多用委婉句

"言为心声"，语言是人们交流思想、联络感情的工具和手段。教师在交谈过程中，一般应多用陈述句和一般疑问句，少用或不用祈使句和反问句，多用委婉征询的语气，少用或不用命令式语气。否则，就会显得粗俗生硬、极不礼貌，对方不易接受或内心产生不快。

小王老师被一道数学题难住了，算来算去怎么也得不出正确答案。她走到素有"解题大

1　陈赟. 先秦文化与语言的雅化［J］. 湖南社会科学，2011（6）.

王"之称的侯老师办公桌前，说："你看看这道题，能不能解出来？"侯老师看了看小王说："放这儿吧，我想一想。"

虽然后来侯老师帮小王解决了难题，但心里确实不太情愿，因为小王命令式的语气让侯老师感觉很不舒服。

以上案例中的小王如果能客气地说："侯老师，我有一道题解不出来，麻烦您帮我看看！"侯老师在被尊敬的语境中定会乐于帮忙，或许还会找出一些类似的题型帮小王分析透彻。正所谓"良言一句三冬暖，恶言一句六月寒"，委婉谦逊、有话好说既是交往礼节，也是个人修养的体现。

（三）语言要礼貌，多用谦敬语

所谓语言礼貌，是指以和气、文雅、谦逊，并能给人以尊重、温暖、愉悦、鼓舞的言语与人交往，它能显示出一个人强烈的道德感和高尚的思想情操。在日常工作交往中，我们应将同事称为"老师""前辈"等，而不是"老王""小李"或"喂""哎""你这人"。同时，"您好""请"等交流敬语也要常用。这些语言虽看似简单且极为普通，但所起到的作用却不简单。谦敬的一句"您好……"可使同事拉近与你的心理距离；伴随着微笑的一句"您请"，会使对方内心充满亲切和温馨；一句真诚的"谢谢"或"对不起"，会促进同事间的相互理解和尊重。这就是语言礼仪的魅力。

> **语言礼貌**
>
> 语言礼貌，是指以和气、文雅、谦逊，并能给人以尊重、温暖、愉悦、鼓舞的言语与人交往，它能显示出一个人强烈的道德感和高尚的思想情操。

二、办公室日常服饰礼仪

🔊 **名人语录**

一个人的穿着打扮是他修养、品位、地位的最真实写照。

——莎士比亚

你的服装往往表明你是哪一类人，它们代表着你的个性。人们自觉不自觉地根据你的衣着来判断你的为人。

——索菲亚·罗兰

教师服饰礼仪是教师在办公室活动、交往过程中为表示相互尊重与友好，达到交往和谐而体现在服装修饰上的一种行为规范。教师的服饰最直观地反映着教师的精神风貌，体现着其对待人生的态度。得体的服饰是一种礼貌，在办公室这种公共场合，讲究服饰是尊重自己、尊重他人的表现，在一定程度上直接影响着同事关系的交流、沟通效果。整洁端庄、雅致和谐的服饰可以表现人的自尊和对他人的尊敬，衣冠不整、邋遢不洁的着装则是一种不礼貌的行为。

> **教师服饰礼仪**
>
> 教师服饰礼仪，是教师在办公室活动、交往过程中为表示相互尊重与友好，达到交往和谐而体现在服装修饰上的一种行为规范。

（一）教师服饰礼仪首先讲究干净清洁，衣冠整齐

教师特殊的工作环境和工作对象要求其服饰一定要注意清洁、整齐、挺直，没有异味。洗脸刷牙是教师进办公室前必须要做的事，因为没有哪个同事愿意和挂着眼屎、满口怪味的人打交道。服装的选择最好是职业装配皮鞋，职业装要烫平整，衣领袖口要干净，皮鞋要上油擦亮。洁净的外在形象体现着内在的美。如果教师不讲究穿戴，着一身皱巴巴、不干净的衣服，随随便便地在办公室穿拖鞋，都会给同事以邋遢、懒散的印象，这种自我"贬值"的装束自然会被人拒于交流圈子之外。

（二）教师服饰礼仪要求色彩协调，款式得体

教师服饰的选择及搭配是一门艺术，更是一种文化的体现。它既要讲究色彩款式协调，也要与教师的学者身份相适应。具体来说，对于不同体型、不同肤色的人，应考虑到扬长避短，选择合适的服饰。体型较胖的教师要选择宽松一点的衣

服，自己感觉舒服也能给人以丰盈之美；体型偏瘦的教师穿得不要太紧，太紧身的衣服会使你显得更单薄。肤色较白的教师若穿绿色衣服会显得高雅；肤色偏黑的教师穿着绿色衣服会使肤色更加难看，给人不健康的感觉。尽管人的肤色差异天然生成，但是通过恰到好处的服饰搭配，大都能弥补其肤色之不足，尽显其美感。

（三）教师服饰礼仪要求简洁雅致，庄重大方

从礼仪的角度讲，教师的服饰不能简单地等同于穿衣戴帽，其服饰礼仪要求简洁雅观，庄重大方。老教师的着装要注意庄重、雅致，体现出成熟和稳重；年轻教师则可以穿得鲜艳、活泼一些，体现出年轻人的朝气和蓬勃向上的青春之美。但是年轻教师也不要过于追潮流、赶时髦，染黄头发，梳怪发型，把自己打扮成"潮男""潮女"的模样等都是与教师这一职业不相符合的。

女人喜欢穿裙子好像是与生俱来的本性。但是，作为职业女教师穿裙子要注意讲究礼仪，裙子不能太短也不能太长，以齐膝或稍微过膝为准；穿裙子时以肉色袜子相配最好，深色或有花色图案的袜子都不合适；长筒丝袜口与裙子下摆之间不能有间隔，不能露出腿的一部分，否则很不雅观，不符合服饰礼仪规范；有破洞的丝袜不能露在外面，穿有明显破痕的高筒袜在办公室里活动总会让人感到尴尬，还不如不穿好些。

三、办公室日常行为礼仪

办公室是教师在学校里工作和休息的地方，是教师们集体生活的场所。教师在办公室里的礼仪行为都会对办公环境及他人产生很大的影响，每一位教师都有义务履行办公室的行为礼仪，维护自己所依赖的办公室环境。

（一）爱护公物，文明使用公物，以延长公物的使用寿命

教师是办公室公共财物的使用者，也是办公室公共财物的维护者。爱护公物，文明使用公物，保证公物完好无损是每一位办公室成员应尽的职责，也是教师心存礼仪的具体表现。

1. 轻拿轻放，以免磕碰造成损坏。有些教师常有一些不好的习惯，遇到不顺心的事就以摔打东西出气；接电话听到烦心的事情，"咔"的一下就把电话挂上了；电脑反应慢影响心情，"啪、啪、啪"连摔鼠标；打印机、复印机工作不流畅，伸出巴掌使劲拍打，好像一打就听话似的。这些行为不但不能解决问题，反而会造成公物的损坏，更破坏心情。办公室的电话、电脑、打印机、复印机等是大家经常使用的公物，教师一定要像爱护自己的东西一样爱护它们，小心使用、轻拿轻放，确保不磕碰、不损坏。保证公物能正常使用，方便自己也方便同事，不要因为人为的破坏影响大家使用而耽误工作。

2. 不争不抢，礼让为先。"当他人与自身利益冲突时，要礼让他人。"这可以说是中华民族的传统美德。办公室的一些公物，像电话、打印机、复印机、热水瓶等一般都配备一件，而办公室里教师多，可能会因同时使用而出现冲突。遇到这种情况要做到不争不抢，礼让为先。比如有教师正在使用打（复）印机，要耐心等待，不要强硬加塞，也不要做出一副不耐烦的样子，在旁边走来走去；实在着急使用，可以礼貌地向同事解释清楚，以最快的速度使用完毕，少耽误同事的时间。如果有教师打（复）印的材料较少或者等着上课需要资料，要让给他们先使用打（复）印机。尽量少用办公室电话接打私人电话，一旦接到私人电话要长话短说，不要因为长时间占用电话而影响公事的传达和布置。暖水瓶没有热水时要及时去打，不要置之不理或假装不知道等着其他同事去打；倒水时最好先给邻桌的同事倒上再倒自己的，倒水的动作要慢要轻，不要烫伤自己，也不要溅伤同事；当同事给自己倒水时要双手近距离罩着水杯，水倒满后要起身致谢，以示感激之意。

3. 节能节源，延长公物的使用寿命。文明使用公物还表现为爱惜办公用品，节约使用办公资源。当纸张、墨盒用完时，要及时更换或通知有关部门以方便其他同事使用。可重复利用的办公用品如签字笔等，应替换笔芯使用，用过的牛皮纸袋、信封等尽量反复使用。办公室空调温度适宜即可，不可太高或太低，春秋两季气温正常时可适当关闭空调。加班或值班人员应自觉关闭闲置电源与照明设施，最后离开办公区的人员应关闭电灯及室内总闸。饮水时，如不是接待来宾，应使用个人的水杯，减少一次性水杯的浪费。教师使用复印机、打印机、扫描仪等公共办公用品时要做到人走关机，以延长其使用寿命。

（二）讲卫生，勤洒扫，保持干净舒适的办公室环境

保持干净舒适的办公室环境需要教师具有良好的卫生习惯和文明的礼仪行为。

任老师很讲究穿衣打扮，衣服不仅追求名牌，还必须一天一换，用她自己的话来说就是"爱干净""会打扮""有气质"。其实，大家都知道任老师的"干净"只是限于她自身部分，除了她自身以外一切都是邋遢的：桌椅很少擦，地面很少拖，大多情况下都是同事干活她受用，即便是轮到值日打扫卫生，她也只是动动嘴："我的衣服需要干洗，很麻烦的！""谢谢你帮我都干了，辛苦哈！"公共卫生大家可以帮忙打扫，但个人的"领域"就惨了。任老师的办公桌是最凌乱的，学生作业、教材教参、备课教案、听课笔记等堆得一摞又一摞，参差不齐，杂乱无序，有时候她自己找东西都要翻上好半天。

教师不仅要让自己衣着光鲜，也要确保办公室整洁有序，否则即使穿得再漂亮，看上去再有身份，脏乱的办公室也会有损个人的外在美。良好、卫生的办公室环境不仅能彰显个人的修养，也有利于提高工作效率。

讲究礼仪就要养成讲卫生、勤洒扫的好习惯。教师要主动打扫卫生，确保地面无杂物、无纸屑，确保门、窗、柜整洁，墙壁、天花板无悬尘和蜘蛛网，窗台和窗框无积灰，窗帘整洁干净，日光灯无积灰等。

教师不得在办公室吸烟，乱丢乱放烟头。平时应将办公物品码放整齐，合理归类，这样即使物品较多，看上去也不会觉得脏乱。桌面只放一些必要的办公用品，办公桌的玻璃板下以放与工作有关的图片资料为主，最好不要放家人的照片，以免影响了办公室严肃、高效的氛围。

男教师不能在办公室刮胡子，女教师不能在办公室梳头化妆，免得脱落的毛发四处飞扬，给其他同事造成不好的影响。不论男女教师都不能在办公室随便脱鞋光脚。有不少教师穿皮鞋、高跟鞋累了就喜欢把鞋子脱掉，不受鞋子约束的脚丫舒服了，却不知弥漫在办公室里的不雅气味已经熏得其他教师皱起了眉头。

正常情况下，教师不得在办公室里用餐。但某些特殊情况比如由于庆祝、加班等原因需要在办公室用餐时一定要注意文明进餐，不能狼吞虎咽发出响亮的吃喝声，也不能肆意抛洒食物弄得残渣剩饭满地，更不能长时间地大吃大喝，否则噪声和气味会影响其他同事的休息或工作。用餐完毕应及时清理干净并开窗流通空气，有强烈味道的食物如大葱、大蒜等尽量不要带到办公室。

（三）轻声细语，轻举轻动，营造安静优雅的办公室环境

优雅安静的办公环境能够让教师集中精力投入工作。教师的礼仪修养是规范教师言行举止、保持办公室环境安静的内在保障。

一般情况下，当其他教师备课时，不能在办公室听音乐、哼歌曲，也不能大声聊天嬉闹；当其他老师找学生谈话时，不能随意插嘴进行干扰，也不能添油加醋说学生短长；与学生家长交谈时，要轻声细语，以

免影响其他老师的正常工作；特别是接听手机一定要注意其中的细节：手机尽量调节到振动状态，通话时要音量适中，尽量压低声音，必要时用手遮掩一下或者到办公室外接听手机。

另外，出入办公室开关门时要轻开轻关；移动桌椅时要轻拉轻放；走路时要放慢脚步，特别是爱穿高跟鞋的女教师更要注意不要发出"咔、咔"的鞋掌声；拖地时尽量每个角落都要拖到，遇到同事坐着时要轻声告知请他抬起脚，不要用拖把弄脏同事的鞋子，等等。将心比心，推己及人。大家在一起工作，设身处地顾及别人的感受是一种美德，而收获的将是珍贵的内涵与尊重。

以上这些事情看来只不过是不足挂齿的小事、小节，或是与他人关系不大的纯粹个人行为。然而正是在这区区小事、小节上能反映出一个人为人处世的态度，体现出一个人内在的品德和外在的气质。如果在日常交往中忽视这些小事、小节，不仅会给别人制造不必要的麻烦，也会损害自己的教师形象，影响同事之间的关系，破坏公共生活和工作秩序。

📢 名人语录

没有经过琢磨的钻石是没有人喜欢的，这种钻石戴了也没有好处。但是一旦经过琢磨，加以镶嵌之后，它们便生出光彩来了。美德是精神上的一种宝藏，但是使它们生出光彩的则是良好的礼仪……无论什么事情，必须具有优雅的方法和态度，才能显得漂亮，得到别人的喜悦。

——洛克

第三节
校内外研讨活动礼仪

🎯 学习目标

1．掌握校内研讨活动中应遵循的教师礼仪。

2．掌握校外研讨活动中应遵循的教师礼仪。

校内外研讨活动包括听课评课、集中备课、总结报告、交流探讨等方面，是教师互助、促进、合作的同事关系的集中体现。研讨活动是教师活动中不可缺少的一部分。高效的研讨活动可以促进教师集思广益、博采众长，对于提高教师教学能力和业务水平有着重要意义。无论是班主任、学科教师还是学校教研组长，都应正确践行研讨活动礼仪，消除角色差异、学科差异造成的偏见，维持良好的同事关系。

一、校内研讨活动礼仪

　　教师的教学工作绝大多数是在校内完成的，学校也是教师研讨交流的主体场所。教师间校内研讨活动主要发生在同一学科教师之间、不同学科教师之间和班主任与科任教师之间，下面将分别阐述这三种同事关系中的交往礼仪问题。

（一）同一学科教师之间的交往礼仪

　　同一学科的教师联系最为密切，集体备课、听课、评课等交流活动使他们相互熟悉业务，彼此也更加了解。在进行这些集体活动时，同一学科的教师之间有合作也有竞争，有友好也有矛盾，要处理好这些关系，规范言行、遵循礼仪是每位教师的必然之举。

　　1. 集体备课礼仪。在集体备课过程中，教师的个人钻研是基础，因为每个人对课程和教材的认识不一样，对教材的理解把握、加工处理也不尽相同。所以每位参与集体备课的教师都要有"付出"精神，不仅主讲人要提出自己的研究方案、教学设计，其他教师也要深入钻研教材，提出自己的观点或建议，大家在分析讨论的前提下畅所欲言、共同探讨。在备课的发言过程中，要让老教师先讲，自己认真听、仔细记，不能只随声附和、人云亦云，还要有自己的见解，并以适当的方式表达出来；该自己讲的时候，要态度亲和，表达清楚，并虚心接受别人的意见和建议。每一位参与集体备课的教师都必须增强合作意识和整体意识，不断提高钻研教材、设计教案的能力，为全面提高教学质量而努力。

　　2. 集体听课、评课礼仪。对许多一线教师而言，可能要紧的不是去听专家学者的讲座报告，而是要学会"向身边的实践学习"，也就是要"俯下身子"去听同行老师的课。所谓"俯下身子"就是要端正谦逊的态度，规范礼貌的言行，做文明有礼的听课人。其具体做法为：听课人要按时到场，主动配合，认真做听课笔记，不能和其他听课教师交头接耳、随意讨论，也不能向学生问这问那，这是对讲课老师最起码的尊重；听课人对讲课老师所讲内容要表示出感兴趣的神态，听到精彩之处要投以赞扬的目光，学生鼓掌时要一起鼓掌，表达欣赏、佩服之意。鼓掌时切不能敷衍了事地拍两下手，这样容易给人应付的感觉，影响讲课老师的情绪；听课人一旦听到稍有瑕疵的地方，也不能流露出轻视、嘲笑的表情，更不能随便打断讲课，对讲课老师指手画脚。要做文明的听课人，把自己的看法和建议留到课下一起讨论。

　　听完课后要有个互评的过程，这个过程对每个教师而言都很重要，这是教师成长进步的关键所在。通过自评和他评，明确自己的长处和短处，才能在以后的教学中做到扬长补短、查漏补缺。评课不仅仅是授课教师成长的过程，也是评课教师成长的过程。在评课过程中，每位评课人都要遵循如下评课礼仪。

（1）教师在评课时要做到"对事不对人"，客观公正地待人待事。好多时候，年轻教师对老教师是一味地服从、一味地赞扬其优点，不敢说半个"不"字，这样不仅不能有效地促进授课教师的成长，也不利于评课教师的进步。同时，评课教师还要加强自身做人和做事两方面的修养，为营造同事关系融洽、集体团结上进的工作环境贡献力量。

（2）评课时要注意"评"的技巧，尽量使用谦逊的语言。教师的心态一定要摆正，明确评课的目的是交流意见、共同切磋，而不是无端挑刺、制造矛盾；评课不要只顾自己说，要试着用建议的语气，尽量采用"我认为""我觉得""我建议"等谦逊的话语。发表自己的观点时要三思而后行，对自己不确定的事情一定要交代清楚，不要不懂装懂、不知装知，言之凿凿却传播了错误信息。

（3）评课时要注意多鼓励、多肯定，如"你的想法很有道理……""你的潜力很大……"等等，让我们的言行成为同事进步的精神动力。或者也可以先抑后扬，提出问题和建议后再适当鼓励，且不可抓住问题、缺点不放，大有"一棍子打死"之势。特别是一些老教师对新教师评课，不能因为人家是年轻教师就从主观上轻视对方，认为没太大可取之处而夸夸其谈或干脆视之不理。这些都是不文明的做法，对同事的自尊心、进取心都会有很大的伤害。

如果说评课教师"以礼"评课是评课活动得以顺利进行的前提条件，那被评教师"以礼"虚心接受则是评课活动的价值所在。特级教师程翔对此深有体会，在《花叶并茂两相宜》[1]一文中他这样写道：

青年人要有主见，这是完全应该的。如何处理好坚持主见和虚心听取别人意见之间的关系呢？其实二者并不矛盾。但我一开始不懂得这个道理，自己辛辛苦苦准备的课被别人七嘴八舌地批评一顿，心里接受不了，总想争辩几句。一位老教师对我说："小程啊，别人提意见是对你好，你不接受可以，但总要虚心听。你和他争辩，他以后就不会再给你提意见了。没人给你提意见，你还能进步吗？更何况你的课的确有毛病。"这番话语重心长，让我深思良久。……一个人真正的成功，不能单单是专业技术上的成功，还必须在做人上成功。一个教育工作者更应该全面发展。明白了这个道理，我就"爽然自失"了，无论是谁的意见，也无论是什么意见，我都听得进去。……我主动征求别人的意见，只要他提出意见，我就表示感谢。有一次，我上完课，一位青年教师认为我的一个教学环节处理不当。我便问他："你有什么好的做法？"他便讲了自己的想法，我很受启发，并感谢他对我的帮助。……我觉得，我能在语文教学上取得一点成绩，与前辈的教导和同辈人的帮助分不开。

---

1 程翔. 语文人生［M］. 北京：人民教育出版社，2004.

程翔老师的成功之路再次向我们证明了"虚心使人进步"这一道理。只有虚心听取同行教师的建议，真诚接受同行教师的批评，才能集别人智慧于己身，才能实现教学相长，真正提高自己的教学水平和教学能力。程翔老师的经历还告诉我们，接受批评，不争辩、不顶撞是教师个人的"懂礼"行为。"懂礼"是尊重自己、尊重别人的一种规范的表现形式，我们只有尊重别人的意见或建议，才有可能得到别人真诚的帮助，收获最大的利益。

（二）不同学科教师交往礼仪

"传统上，学科之间总是有一定距离的，但我们学校就搞起了学科互动。"丁臣慧老师在教学笔记中这样回忆道：听说要与音乐美术老师一起备课，办公室顿时炸开了锅，有的说语文课和美术有什么关系；有的说语文老师怎么能教美术、音乐呀……在众说纷纭中，就到了"同学年不同学科教师集体备课日"。

这一天，语文、音乐、美术老师坐在了一起，大家面面相觑。组长最先说话了："请美术、音乐老师谈一谈对语文教材中美的感受。"胡老师最先从教材入手为大家讲了对语文教材中插图的感受，曾老师对《月光曲》的音乐欣赏为大家进行了指导。在一番交流中，气氛越来越浓烈，我们这才发现身边原来有这么多教学资源。当我们在冥思苦想如何理解语文时，一幅美的插图为大家解决了困难；当我们在为学生不能感受故事蕴含的道理时，一曲动人的音乐为学生打开了心扉。"三人行，必有吾师焉。"在大家的不断交流中，语文老师在艺术鉴赏中受到了美的教育，音乐老师在字里行间感受了语言文字的魅力。各任课教师在一起进行交流、沟通，达到优势互补的目的。一学期下来，大家都说："在不知不觉中，发现自己有了质的提升。"[1]

课程的融合、整合与沟通，仅凭某一教师的"单干"是行不通的。只有加强教师间的合作与互补，才可能帮助学生整合、构建完整的知识体系，使其融会贯通，同时达到启发学生开放性思维和创新思维的目的。[2]

不同学科教师之间或了解或不太了解，他们之间的交流合作如果没有"礼仪"作媒介恐怕会出现各种摩擦和误会。所以，不同学科教师之间交流时应注意以下礼仪问题。

1. 要表现出良好的礼仪行为，不同学科教师彼此都要树立一个良好的、开放的心态，克服"文人相轻"的弱点。如果一个教师唯我独尊、自私自利、举止轻浮、不讲诚信，必定会损害自己的教师形象和威信，这样对自己、对他人、对工作都是极为不利的。学科间的交流，既是信息上的交流、知识上的整合，也是教师间思想上的帮助、情感上的交融。每位教

1　曾蓉，李建荣，等. 教师尚美文化的理论与实践［M］. 北京：科学出版社，2009.
2　刘思佳. 教师间交往的现实意义及促进策略［M］. 教育教学研究，2009：23（10）.

师都有其专攻的领域和自身的优势，当然也难免有不足。教师要辩证地看待自己的成绩，一个人不论达到多高的水平，也不可能是极限，"山外有山，天外有天"，"学海无涯，学无止境"。要看到自己的每一点进步中都包含着其他人的心血，现有成绩绝不是单凭个人努力的结果。

2. 不同学科教师之间交流时要尽量避免负面评论，不要给其他同事贴上"是"与"否"的标签。对同事的方法观点进行评论是有必要的，但一定要注意方式和方法，不能避长揭短，更不能横加指责。如果和他人意见相悖，应先表示对他人智慧成果的尊重，然后指出不足之处，表明自己的看法，并表达希望得到大家指正的愿望。

3. 为了避免"无话可说"引起尴尬，不同学科教师在一起交流时要注意寻找共同的话题，有了共同的话题才有交流沟通的可能，才有了解彼此的机会。其实，教师之间共同的话题很多，比如学生的健康成长问题、班级的有效管理问题等。切忌谈论同事的隐私、议论家长里短，不能就某个教研组和另一个教研组进行无意义的比较，等等。

（三）班主任与科任教师交往礼仪

🔍 **案例**

最近，学校开展了"快乐大课间"活动，每天下午两节课后有30分钟的学生体育锻炼时间。这一消息传出后，孩子们欢呼雀跃。作为班主任，我积极响应，带领学生开展体育活动，既愉悦了身心，又融洽了感情，可谓一举两得。可没过多久，我发现参加体育锻炼的人数总是不齐。向班干部一问究竟，原来是几名学生在补数学作业。我虽有不满，但没有表示出来。然而，一连数天，此类现象不断上演，甚至愈演愈烈，今天活动时竟然少了十几人。"好一个见缝插针！"我积压多日的怨气彻底爆发了，我飞也似地来到班里，强令班内学生全部下楼锻炼。孩子们的脚步声渐渐远了，可我内心的怒气仍在翻涌，于是转身在黑板上写下了"请呵护孩子的健康，请保证孩子们全员锻炼"，后面还加上了3个偌大的感叹号。第二天，学生们果然都下楼锻炼了。望着空荡荡的教室，我不由得一阵窃喜。看来，黑板上的标语真是起了作用。然而，当我转身回望时，却发现标语的后面多了一个大大的"?"。呵呵，公开挑战，那就让我们PK到底吧！没想到，很快我就接到了几位家长的电话，反映的都是孩子的数学作业屡屡出错，而且没有及时订正。了解情况时，班长支支吾吾地说："数学老师说了，体育锻炼比改正错题更重要。"一时间，我意识到了事态的严重，不禁反思起来。

俗话说："人聚则强，人散则弱。"班主任与科任教师都是孩子们成长的引路人，我让孩子们多参加体育锻炼，是爱的表现；数学老师含辛茹苦地让孩子订正作业，也是一种爱的表现。同样出于对学生的爱，为什么却产生了矛盾呢？想来想去，我明白了，问题出在我的沟通方式上。如果我心平气和地把情况与数学老师当面解释清楚，事情就不会发展到今天这么糟糕。

　　班主任与科任教师相处，有时会出现一些不尽如人意的问题，这也是在所难免的。比如，科任教师为提高本学科成绩，常出现抢课现象；学生不完成作业或违反课堂纪律，科任教师推给班主任解决；班主任埋怨科任教师对本班学生不够负责任；科任教师抱怨班主任管理力度不够，等等。其实，产生这些隔阂和矛盾的主要原因是双方沟通不及时、沟通的方法不恰当，关键还是在于没有用"礼仪"处理相互间的问题。以上案例也反映了这一情况。那么，该如何利用教师礼仪处理好班主任与科任教师之间的关系呢？

　　"有礼走遍天下，无礼寸步难行"，礼仪是教师同事交往沟通的通行证。班主任和科任教师要在相互尊重的基础上加强多方面的沟通交流：班主任要主动向科任教师询问学生听课、学习的情况，积极帮助科任教师解决学科管理中出现的问题，并定期召开科任教师座谈会，诚恳听取意见，及时进行协调和改进。在学生面前，要帮科任教师树威信、"润"感情。科任教师要尽心教课，给班主任提供班级信息、学生动向，使班主任的班级管理少走弯路，省去不必要的麻烦。当然，对待已经存在的矛盾，要坚持"遇到冲突，让；遇到困难，帮；遇到误会，消"的原则，高姿态、多包容，积极主动化解矛盾，加强彼此之间的理解与关爱。

　　另外，班主任切忌要求学生将时间和精力更多地用在自己所教的学科上，以免引起科任教师不满；科任教师切忌因为本学科课堂纪律不好就发出"某某班的纪律差"的言论，以免影响班主任的心情和工作。科任教师严肃处理"问题学生"，班主任切勿"护短"，以免双方产生矛盾；科任教师不要认为班级的好坏与自己无关，只教书不育人，遇事不与班主任沟通，或者把责任往班主任身上一推了事；班主任也不能认为：我只负责管理班级，学科成绩好坏是科任教师的事，科任教师上课不认真负责，我也没办法。科任教师不要越俎代庖，直接插手班级日常管理，对班主任和其他老师的工作指指点点、横加干涉；班主任切忌对科任教师不信任，生怕学生成绩上不去，亲自给学生辅导科任课内容，甚至到外面请"高人"给学生补课。

　　以上这些"切忌"与"不能"实际上就是对教师礼仪的维护。遵循礼仪，勿犯禁忌，思想才会纯正，行为才能完美，同事关系才能得以和谐。

🔊 名人语录

彬彬有礼的风度，主要是自我克制的表现。

——爱迪生

在人与人的交往中，礼仪越周到越保险。

——托·卡莱尔

二、校外研讨活动礼仪

作为一名教师无论能力有多强、精力有多旺盛，都无法对所有的知识、技能全面掌握并独树一帜。如果能在自己的小圈子里取得一定成绩，固然令人钦佩，但若要达到更高的层次，就应该走出去了解别人的经验成果，进行观摩借鉴。然而进行校外研讨交流活动，教师就不仅仅是代表教师自己，而且还代表整个学校、整个县市甚至是整个国家的形象。所以，参观交流时教师必须履行待人接物礼仪，规范自身行为。

（一）参观交流礼仪

参观是学校之间进行交流的主要形式之一，也是进行学习的行之有效的方法，通过交流学校的教学方法、管理经验，教师能从中取长补短，共同进步。参观可以在两个兄弟学校之间进行，也可以通过教育部门组织进行。无论是哪种方式的参观交流，作为学校中流砥柱的教师一定会参与其中。要使参观交流活动顺利、愉快地进行，教师必须明确参观任务，遵守参观礼仪。

首先，要做一个彬彬有礼的参观者，给自己一个合理的定位。参观交流时，从内心深处就要告诉自己：我是以一名参观者、学习者的身份出现在这里的，要想学习别人的知识、经验，就该怀着谦虚的心态来看待对方学校的一切。对方学校能够取得不错的成绩并有所发展，肯定有其独特的办学手段和管理方法，有值得借鉴学习的地方。然而，这种办学特色在自己学校却未必适用，遇到这种情况时，作为参观者切记不要指手画脚，说长论短，一定要冷静沉着，辩证分析，用和气的语言说出自己的看法和自己学校的不同特点。尊重对方学校的办学特色同样能得到对方学校的尊重与理解。

其次，在参观交流的过程中，注重听与说的礼仪很有必要。参观时要认真倾听对方学校主管人员的介绍和讲解，不能东张西望、看书看报，不能面带倦容、哈欠连天，否则会给对方心不在焉、傲慢无礼等不礼貌的印象。别人在与他人交谈时，不要凑前旁听，不要满脸好奇地打听谈话内容。若有事与别人谈话，要等别人说完再说，不能只顾自己滔滔不绝而不给对方留发言空间。如果遇到不明白的问题需要请教时一定要注意提问技巧，比如表情要自然、态度要真诚，对对方学校表示出足够的敬意，使对方与自己建立起良好的信任和友好的关系，只有这样对方才有可能就所提问题畅所欲言；请教提问时还要避讳带有某些态度倾向的问题，像"你们学校依据升学率来发奖金吗？"之类的问题很难让对方做出正面回答，因为对方不知道从什么方面来回答这个问题，也不明白你提问的意图到底是什么。

最后，参观交流时要遵守所到参观学校的工作纪律，不得擅自进入未被允许进入的区域，不得在不允许的地方拍照；参观交流时要尊重所参观学校的礼仪习俗，不能犯忌讳、说忌语，不能轻蔑、诋毁对方的风俗习惯；参观交流时不得私自接受对方所赠予的贵重礼物，不得以各种形式索要对方的贵重物品、重要科研资料等。

🔊 名人语录

　　表面上礼仪有无数的清规戒律，但其根本目的却在于使世界成为一个充满生活乐趣的地方，使人变得平易近人。它看似一些繁文缛节，却可以使生活变得和谐而美好。

——埃米莉·波斯特

（二）参加培训礼仪

　　在一次培训中，参加培训的周老师觉得任教的夏老师比自己年轻，讲的内容又是自己不太感兴趣的问题，索然无味之际就在培训课堂上拿出手机看新闻，看到感慨之处还拉上同桌讨论一番。夏老师几次暗示提醒无效，终于停下讲课，意味深长地说："有道是'其身正，不令则行；其身不正，虽令不行'。作为老师我们都不能以身作则，遵守课堂纪律，那还有什么资格要求学生呢！"周老师听后羞愧地低下了头。

　　"爱人者，人恒爱之。敬人者，人恒敬之。"（《孟子·离娄下》）仁爱的人爱别人，礼让的人尊敬别人，同时也能得到别人回报给他的爱戴和尊重。在交往的过程中任何人都希望获得别人的尊重，而希望获得别人的尊重则必须先学会尊重别人，这就是交往的辩证法。案例中的周老师上课随便看手机新闻、随便说话聊天，其失礼行为显然就是对主讲老师的直接不尊重。夏老师委婉地指责批评是对周老师行为不当的提醒，也是周老师自觉反省、提升自我的开始。

　　在参加培训的过程中，参加培训的教师与主讲老师之间只有彼此尊重、相互友善，才能保持和谐愉悦的培训氛围。而对他人的尊重，仅放在心里显然是不够的，内容总要借助于形式才能表达出来，这就是规范的礼仪。

　　1. 不管是优秀教师还是骨干教师，既然来参加培训就要当好学生上好课，就要遵循学生上课的礼仪规范。上课前要提前做好准备，不迟到，不早退，不无故旷课；及时擦黑板、调试多媒体，为老师讲课服好务。上课入座时要和缓，起坐时要平稳，不要猛起猛坐，使座椅发出响声，引起其他学员的注意；坐姿本来就是一种身体语言，可以向对方传递信息，正确的坐姿可以

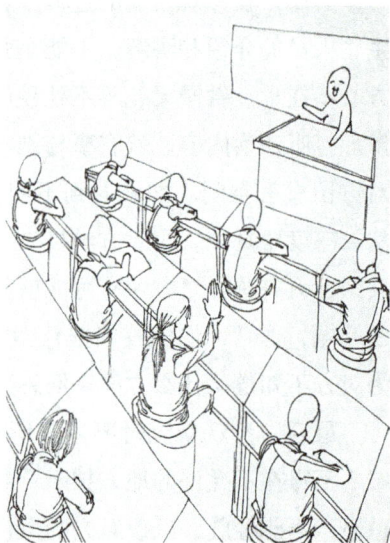

给人以端庄、稳重的印象，坐姿力求端正，不要歪歪斜斜、松松垮垮。在课堂上，要认真听老师讲解，注意力要集中，要独立思考，重要的内容应做好笔记；回答主讲老师的问题时一定要先举手，得到允许后再站立回答；发言时，身体要直立，态度要大方，声音要洪亮，并且应当使用普通话。听到下课铃时，若老师还没有宣布下课，应当继续安心听讲，不要忙着整理书本，或者把桌子弄出响声，否则是对主讲老师的不尊重。下课时，听课教师仍需全体起立，与主讲老师互道"再见"，待老师离开教室后方可离开。

2. 承办培训任务的机构多是高校的教师教育学院，承担培训授课的教师也都是从高校选拔出来的优秀专业人才，他们对某些学术问题有着专门的探讨和研究。所以，不管主讲老师年龄大小，参加培训的教师都要称其为"老师"，这一方面体现了参训教师对知识的认同与尊重，另一方面确认了其在培训活动中学习者的角色；再就是参加培训的教师要放下"资深""骨干"的姿态，持着"敏而好学"的求学精神，认真聆听主讲老师的讲解。听讲的时候，要显得专注和感兴趣；要以微笑、点头等方式及时地给主讲老师以反馈，而不要做出负面的反应；要以"告诉我们更多""还有吗?""以后将会怎样?"等方式激励主讲老师，使他们在不断地被肯定中获得一种成就感，乘兴发挥出最好的教学水平。[1]当自己的观点和主讲教师相左时，不要在课堂上质疑主讲老师，而应该在课下找合适的时间、趁主讲教师方便时单独与主讲老师交流。在与主讲老师交谈时，应主动请老师坐下。如果对老师的话感到不理解或有不同看法，不必隐瞒，应谦虚而诚恳地向老师请教，直到弄明白。如果对老师的工作有什么意见和建议，可坦率地说出，但一定要用商量的语气、谦和的态度。交谈结束时，应向老师表示"明白了""理解了"并真诚致谢。

3. 一起参加培训的学员都是来自各个学校的一线教师或学校管理人员，都有着丰富的教学经验和管理经验，彼此之间的交流学习可以说是自我提高的一大精神财富。而学会以礼会友是得到这一精神财富的前提条件。和学友交往首先要尊重他的人格，不讥笑、辱骂学友；要尊重他的生活习惯和风俗习惯，不嘲讽、鄙视学友。其次，和学友交往时，态度要诚恳谦虚，交谈中力求语言文明，注意场合和分寸；开玩笑，应注意不要触及学友的忌讳。再次，"己所不欲，勿施于人"，不要给学友起恶意绰号；不要在学友之间随便"传话"，不要在背地里说别人的坏话，更不要拉帮结派搞小圈子。最后，当学友需要帮助时，应分清是非、弄明情况，如果是对的，应尽力而为、量力而行、助其一臂之力，不可视而不见、置之不理；如果是弄虚作假，或者是违反培训纪律的事，不可同流合污。需要别人帮助时，不要强人所难，要学会换位思考，多替他人考虑。尽量不给别人造成困难或者带来麻烦。大家一起参加培训就要有集体意识，在集体生活中要顾全大局，遵守规章制度，努力用自己的行动消除学友间的学习差异、习惯差异，使班级成为一个团结向上的学习集体。

1　毛亚林，鲜静林. 当前教师培训应注意的几个问题［J］. 北京：高等师范教育研究，2003（15）：1.

本章小结

从对教师职业幸福的角度来讲，在教师人际关系中，教师与教师之间的关系最为重要。无论是办公室内的日常活动，还是参加校内外研讨活动，对于为人师表、传道授业的教师来说，规范礼仪、提高修养不仅是维护良好人际关系的必然要求，也是实现自身价值，形成职业幸福感进而推动整个教育事业全面发展的巨大动力。

总结 >

Aa 关键术语

教师同事关系
Relationship of Teachers Colleagues

语言礼仪
Language Etiquette

办公室服饰礼仪
Office Dressing Etiquette

章节链接

本章主要介绍了同事关系中的教师礼仪，在学习的过程中可以参照第一章"教师礼仪与修养概述"、第二章"历史文化脉络中的教师形象及其内涵"进行综合学习。

应用 >

批判性思考

俗话说"礼多人不怪"。但是，在今天这个快节奏的时代，"礼"多了是不是会影响我们的"快"节奏？对于教师来说，在交流、沟通的过程中守礼、以礼行事会不会因为过多花费时间而影响个人的工作效率？

结合实际情况，谈谈你自己的看法。

体验练习

1. 教师合作过程中要遵循哪些礼仪规范？
2. 教师在竞争过程中为什么要遵循礼仪？

3. 结合自己的观察体验，请列举一个教师互致礼仪的案例。

🔍 案例研究

　　宋老师是个勤快人，每天提前半个小时到办公室打扫卫生，拖地、打水、擦桌椅，样样干得利索。有一天，宋老师刚忙完一系列活计，同办公室的葛老师就到了。"你好，今天来得早啊！"宋老师热情地打着招呼。"又打扫卫生了，谢谢啦！我要把样题提前拿去复印……"葛老师话没说完就惊呼起来："宋老师，你擦桌子时把我的样题放哪了？""什么样题？一张纸吗？"宋老师也紧张起来，赶紧到垃圾桶里找。当看到宋老师从垃圾桶里拿出满是污垢的样题时，葛老师真是哭笑不得。

　　宋老师勤快又爱干净，经常帮助同事打扫卫生，其行为值得肯定。但是我们不能因此给他人带来麻烦或误会，而要循着服务他人、方便他人的原则做事处世。如果你是"宋老师"，在打扫办公室卫生时，你会怎么做呢？如果你是"葛老师"，遇到这种情况又该如何以"礼"处之呢？

📋 教学一线纪事

　　小赵和小李同教一个年级的数学课。小李知识丰富，工作能力很强，教学班成绩名列前茅，年终评优荣登榜首。同为学校青年骨干教师，为什么好事总属于她？心中的不平衡令小赵嫉妒之心油然而生。嫉妒心作祟，小赵经常对小李出言不逊，甚至集体听课评课时会"鸡蛋缝里挑骨头"地找些问题，否定小李的教学成绩，使得小李好不尴尬。后来在老教师的点拨下，小赵逐渐明白了自己之所以嫉妒小李，是因为她的确有很多长处，而这些长处正是自己应该学习的。小赵改变了自己看问题的角度，用欣赏代替了嫉妒，用文明礼仪代替了不逊言行，不断发现小李的优点，学习小李的长处。不久，俩人的关系好转，小赵的教学能力也有很大提高。

拓展 >

补充读物

1　李黎，吕鸿. 师德与教师礼仪. 北京：高等教育出版社，2011.

　　教师是科学文化知识的传播者，更是学生思想道德的教化者，所以说内在的道德修养与外在的礼仪形象对于一名教师来说是非常重要的。李黎、吕鸿主编的《师德与教师礼仪》在分别阐述教师职业道德和教师礼仪的同时，将两者有机整合成为一个整体来考虑，揭示教师职业道德和教师礼仪之间的内在联系，既贴近基础教育改革要求，又注重理论知识和教学实践能力的整合，对于开拓读者心智、提升读者素质有一定的裨益作用。

2　吕艳芝. 教师礼仪的99个细节. 上海：华东师范大学出版社，2010.

　　在个人形象越来越重要的今天，需要教师扮演为人师表、率先垂范的角色。因此重视教师礼仪是时代的要求、职业的期待。然而，教师的工作紧张而又繁忙，如何让他们快速且轻松的学习基本的礼仪呢？吕艳芝的《教师礼仪的99个细节》给我们做了很好的回答，该书没有面面俱到地介绍各种礼仪规范，而是针对教师生活与工作的实际问题，通过种种细节，揭示出正确的礼仪原则和方法，帮助教师成为讲究礼仪的典范。《教师礼仪的99个细节》是一本实用且值得一看的图书。

在线学习资源

http://yuedu.baidu.com/ebook/7a23970ef12d2af90242e6d8.html

http://yuedu.baidu.com/subject/77e9fbda50e2524de5187ef2

第五章

家校关系中的
教师礼仪

本章概述

　　建立和谐的家校关系需要教师努力寻找更好地与家长交流的方式，同时要求教师要了解并掌握一定的交往礼仪。本章阐释了家校交往中教师礼仪的重要性，介绍了教师在和家长建立合作伙伴关系中应有的礼仪规范；并重点阐明了教师在家访和家长会情境下，与家长发展和谐关系的礼仪问题。

结构图

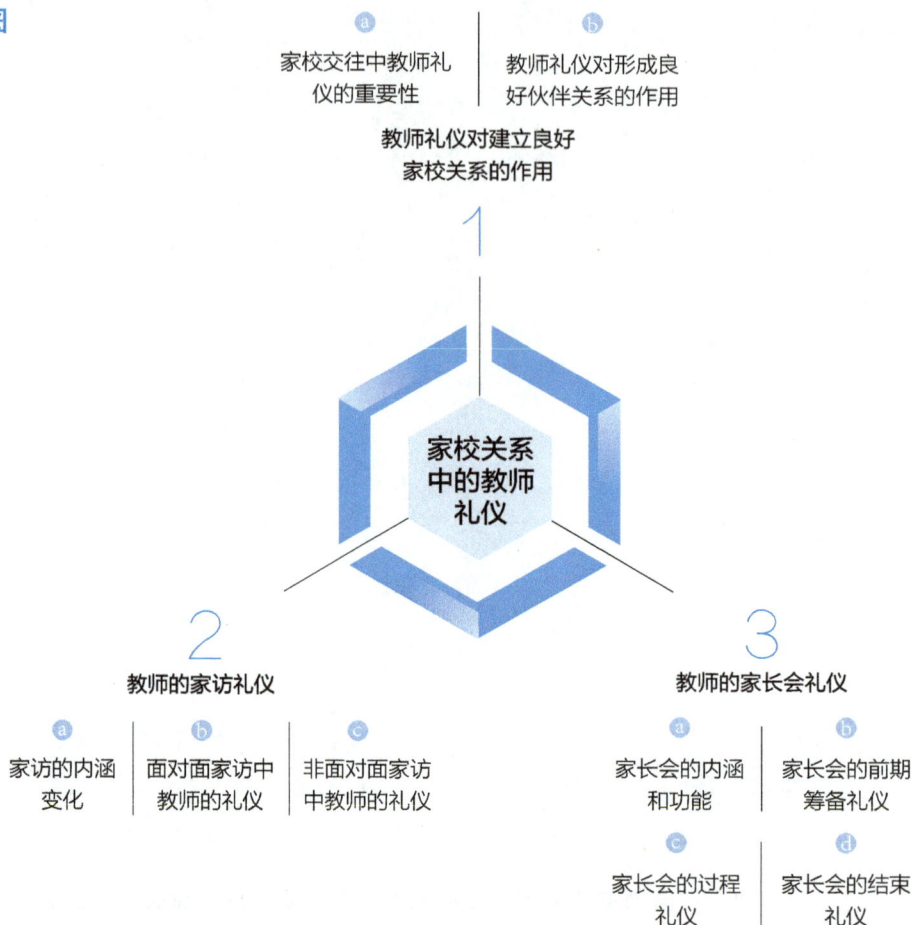

ⓐ 家校交往中教师礼仪的重要性

ⓑ 教师礼仪对形成良好伙伴关系的作用

教师礼仪对建立良好家校关系的作用

1

家校关系中的教师礼仪

2

教师的家访礼仪

ⓐ 家访的内涵变化

ⓑ 面对面家访中教师的礼仪

ⓒ 非面对面家访中教师的礼仪

3

教师的家长会礼仪

ⓐ 家长会的内涵和功能

ⓑ 家长会的前期筹备礼仪

ⓒ 家长会的过程礼仪

ⓓ 家长会的结束礼仪

学习目标

1. 理解教师礼仪在建立良好家校伙伴关系中的重要性。
2. 掌握教师在面对面家访和非面对面家访中应具有的礼仪。
3. 掌握教师在家长会中应遵循的礼仪规范。

读前反思

　　只有学校没有家庭或只有家庭没有学校的教育都无法承担起促进学生健康成长的重任。如何建构和谐的家校关系是一门大学问，其中教师扮演着重要的角色。教师礼仪是一种强有力的教育要素，是家校交往中的正催化剂。那么，教师应该具有哪些基本礼仪？如何发挥这些礼仪的正效应，从而推进家校关系的发展呢？这些问题将在本章为大家一一解答。

第一节
教师礼仪对建立良好家校关系的作用

🎯 **学习目标**

1. 了解家校交往中教师与家长之间的关系。
2. 理解教师礼仪在形成良好家校合作关系中的作用。
3. 形成对建立良好教师礼仪的认识并将其运用于家校合作中。

"只有学校而没有家庭，或只有家庭而没有学校，都不能单独承担起塑造人的细致、复杂的任务。"[1]当然，与家长这个复杂的社会群体打交道，对教师来说是非常重要的工作。建立和谐的家校关系需要教师努力寻找与家长交流的恰当方式，同时要求教师必须了解并掌握一定的交往礼仪，进而架设家校间畅通联系的桥梁，充分发挥家校协作在培养"具有社会责任感、创新精神和实践能力的优秀人才"中的影响力。本章将探讨教师在家访和家长会情境下，与家长发展和谐关系的礼仪问题。

一、家校交往中教师礼仪的重要性

家庭是个人出生后第一个接触的地方，也是个人最早社会化的单位，家庭的学习持续人的整个生命周期，个人人格的养成、价值观的形成、社会角色的学习，无一不受家庭教育的影响。[2]正如苏霍姆林斯基所说："生活向学校提出的任务变得如此复杂，以致如果没有整个社会，首先是家庭的高度的教育素养，那么不管教育付出多大的努力，都收不到完满的效果。"[3]教师与家长的关系，是教育过程中客观存在、不容忽视的重要关系。教师的一个重要的职业责任就是建立和家长的合作，两者协调一致、密切配合以发挥积极的教育影响作用。教师把家长看作自己教育学生的伙伴并与之保持密切的关系，是进行教育活动的重要条件。

为了使家校合作富有成效，教师必须高度重视家校交往过程中礼仪修养的作用。教师礼仪是一种强有力的教育要素，是家校良好关系建立的催化剂，能在教育合作中发挥正向影响，从而帮助教师与家长达成一致认识，促进良好家校伙伴关系的建立。

🔊 **名人名言**

礼仪是在他的一切别种美德之上加上一层藻饰，使它们对他具有效用，去为他获得一切

---

1 马忠虎. 家校合作［M］. 北京：教育科学出版社，2001：41.
2 吴航. 家庭教育学基础［M］. 武汉：华中师范大学出版社，2010：19.
3 马忠虎. 家校合作［M］. 北京：教育科学出版社，2001：36.

和他接近的人的尊重与好感。

——洛克

（一）教师与家长的合作伙伴关系

教师与家长的合作伙伴关系本质上是以学生教育过程为桥梁，以学生利益为中心，互相支持，共享学生教育知识和经验，合力塑造学生整体素质发展的动态的、长期的、积极合作的伙伴关系。良好的学校与家庭关系的建立，对于学生发展的影响无疑是正面的、积极的。

（二）教师具备良好礼仪修养的重要性

要突破家校间由于教育理念不同、相互理解不够、彼此信任不足而造成的交流壁垒，需要教师做出积极的努力。在这个过程中，教师具备良好的礼仪修养尤为重要。可以说，教师礼仪是开启家校交流之路的前提。

1. 教师礼仪是在家长心里留下良好第一印象的关键

具备良好的礼仪既有助于塑造教师的外在形象，又能体现其严谨求实的精神风貌和治学态度。在与家长第一次接触时，教师的言谈举止，仪表着装会给家长留下深刻的印象。教师如果能把优雅的外在形象与良好的内在修养有机结合，塑造良好的职业形象，得到家长的认可，将对教师教育教学工作的顺利开展大有裨益。

2. 教师礼仪能提升教师在家长心目中的威信力

教师威信是一种巨大的教育力量，直接关系着教育教学效果的好坏。教师威信的树立不仅依赖于教师精湛的教学水平、广博的知识，更依赖于教师的人格水平、得体的言行、爱生如子的情怀等高尚的师德修养。孔子说过，"其身正，不令而行；其身不正，虽令不从"。很难想象一个语言粗俗、衣冠不整、态度傲慢的老师会得到家长的尊重；反之，如果老师脱离了低级趣味，能够热爱学生、无私奉献、为人师表，就一定能得到家长的肯定与尊重，发挥教师应有的威信力。

3. 教师礼仪是构建和谐的家校关系的保障

教师的师德修养、人格水平是他教育教学能力的重要组成部分。家长对教师的态度以及教师与家长沟通合作的效果，在很大程度上都与教师个人的修养与魅力有关。有些教师虽然教学基本功扎实、教学水平很高，但因不注意自身言行，不能以身作则，对家长恶语相向，家长对其具有强烈的抵触情绪，因而难以顺利地构建家校合作伙伴关系。

🔍 **案例**

不善聆听的老师遭遇强势的家长

2013年4月20日，四川新闻网—成都商报报道了一起家长与教师产生冲突，并误伤10名学生的恶性事件。

夏某的儿子在4月15日与初一（9）班的黄某等学生发生小纠纷，幸好被罗老师等几位老师及时发现并化解。16日，夏某向学校门卫谎称是初一（13）班班主任找他，骗过了门卫的检查。夏某在上课时间试图闯入教室，找黄某等学生理论，并与阻止其进入教室的罗老师发生冲突并将其打伤。冲突还造成前来拉架的10名初一学生、两名教师不同程度受伤。目前，当地警方已介入调查。受伤的罗老师躺在江安县人民医院病床上，脖子上仍有明显的血痕，被打得开裂的嘴唇未完全愈合。他回忆了事发当时，夏某让他把班上欺负过夏某儿子的学生全部叫出来。罗老师认为当时家长情绪激动，担心该家长对学生安全和教学秩序造成影响，拒绝了他的要求。夏某试图冲进教室。为了进行阻止，罗老师便狠狠地推了他一把。夏某冲上来照准罗老师的头部就打，正在上课的学生将双方拉开。

昨日，记者电话联系上了在泸州的夏某，他称是罗老师态度不好且先动手推他，进而引发斗殴，并称"我们去学校只是当面问问，让孩子以后和睦相处，没有其他意思"。

聆听是改善人际关系和交流最有效的药剂。本案中，在面对夏某这样反应过激的家长时，罗老师态度强硬，没能克制自己而与家长产生争执，针锋相对地批评、指责家长，更没有努力倾听夏某的想法，给夏某表达意愿的机会，最终出现肢体冲突使事态越来越激化。假如罗老师能更尊重夏某，语言能更具亲和力，把夏某请到办公室，递上一杯水，耐心地倾听夏某的想法，积极联系校领导和相关学生的家长解决问题，那么夏某就很可能不会采取这么极端的做法。

🔍 **案例**

不该发生的悲剧

2009年12月15日，新华网辽宁频道报道了一起大连市某中学教师体罚学生，最终引发学生家长与学校教师冲突，酿成一死一伤的惨剧。

2009年12月10日，大连市某中学教导主任姚某被学生小李的父亲砍成重伤。11日，李父被发现在其住所附近的山上自缢身亡。这一死一伤惨剧的源头，是两个多月前该校一次教师体罚学生的事件。学生小李是大连市某中学初三的学生，9月29日因违反课堂纪律与班干部发生纠纷，被班主任刘老师罚站并打了耳光；9月30日班级另一名班干部与另外6名同学对李某实施殴打，医院对李某的检查结果为轻微脑震荡、面部受伤。对这两起事件，当地公安机关均已作为治安案件立案。事实、证据已经调查清楚，但在公安机关进行调解的过程中，由于李某的父母提出李某可能因被打而出现精神问题，要求进行精神病鉴定，12月9日司法鉴定得以进行，鉴定结论尚未得出。但是，李某的母亲12月10日到学校拿儿子书本时，在教室与班级的新班主任栾某发生口角并殴打栾某，学校教导主任姚某将两人带至会议室进行调解，结果再次发生冲突，栾某踢了李母腹部一脚，李母称腹痛到医院就诊，姚某陪同李母到大连市第四人民医院就医。李父闻讯带了几个人来到医院，用菜刀将姚某砍了6刀。法医鉴定姚某多处受刀伤，颅骨骨折，构成重伤。李父伤人后逃跑，次日被发现时已死亡，初步调查结论为自缢身亡。

🔍 **案例**

不欢而散的家长会[1]

在一次家长会上，某班主任老师当着全体家长的面说："我们班同学的期末考试成绩都写在了后面黑板上，请家长们自己看。全班除了××同学以外，都考得比较好，真是一粒老鼠屎坏了一锅汤，不知家长是怎么教育的！"话说到这里，那位学生家长当即离席而去，临走时回敬了一句："我不配当家长，你更不配当教师！"全班家长愕然，家长会不欢而散。

在案例"不该发生的悲剧"中，本应是授业树人榜样的刘老师和栾老师，却不讲礼仪，缺乏基本的师德修养，体罚学生、打骂学生家长，不但破坏了学校的声誉，而且社会影响恶劣，最终导致惨烈的后果。如果当事人刘老师、栾老师、姚主任具备基本的师生交往礼仪和家校交往礼仪，懂得教师与学生、教师与家长在人格上是完全平等的，在交往过程中能够体现出爱护学生、尊重家长的礼仪修养，不说侮辱他人人格的话，更不做侮辱他人人格的事，那么这样的恶性事件完全可以避免。同样，在案例"不欢而散的家长会"中，教师不尊重家长，认为只有自己才是专业的教育工作者，只有自己才懂得教育，只有自己才对如何教育学生具有发言权，从而觉得高人一等，与家长谈话居高临下、盛气凌人、语言尖刻。这两个案例告诉我们，教师必须尊重学生家长，只有这样才能维护家长的尊严，增强家长教育孩子的信心，才能消除因教育方式不同而带来的家校分歧，家长才会衷心地感谢教师，真心诚意地支持教师的工作。

1 刘维俭，王传金. 现代教师礼仪教程［M］. 南京：南京师范大学出版社，2006：135.

善气迎人，亲如弟兄；恶气迎人，害于戈兵。

——管仲

二、教师礼仪在形成良好合作关系中的作用

"明礼"是中华民族尚德崇礼的优良传统，孔子说过"不学礼，无以立"，《荀子·修身》说"人无礼则不生，事无礼则不成，国无礼则不宁"。"礼"是道德水平、文化修养的标志，是社会生活与交往的秩序准则，是人类文明和社会进步的象征，是人们进行社会交往的必备条件。礼仪不仅是人际沟通的纽带和重要手段，更是个人内在修养和精神风貌的外在体现。教师礼仪是人类社会文明发展的产物，是教师职业素养的体现，加强教师礼仪教育，对于提高自身修养和素质，塑造良好教师形象，改善家校关系，促进教育发展，都具有十分重要的作用。

（一）在家长心中树立积极的教师形象

在家校交往中，礼仪是衡量教师个人修养的准绳。它不仅反映了教师的交往技巧和应变能力，而且还反映着教师的气质风度、学识阅历、道德情操和精神风貌。在家长看来，有些教师总是剥夺家长的话语权，使家长在沟通过程中非常尴尬和不悦。如果教师能够耐心倾听家长的意见，尊重家长的意见表达，真诚地表现出谦逊和礼貌，充分地展示作为教师的良好的教育和优雅的风度，就会给家长留下积极而美好的印象。

（二）建立积极的家校关系

掌握和运用沟通的礼仪，教师能够得到家长信任和更积极的支持。教师在与家长交流的过程中，无论家长是什么身份与社会地位，都要保证人格上的完全平等，既不仰视和谄媚，也不轻视与不屑。在面对问题时，教师要以心平气和的态度同家长探讨、商量并选择最合理的途径去解决问题，向家长表达自己的善意，增进彼此间的了解和信任。

（三）发挥积极的影响

"近朱者赤，近墨者黑"，教师的言行不仅影响着学生，同时也影响着家长。在学生心中，教师是最值得他们尊敬和学习的人，是他们崇拜的偶像。老师的一颦一笑、一言一行都通过学生的眼睛在其脑海里留下深刻的印象，对他们的精神世界产生重要的影响。学生通过对教师形象的观察和模仿，形成对自己形象的定位，进而转化为学生自己的个性特征。教师

良好的礼仪修养同样对家长具有感染力，在教师的谦虚有礼、平易近人、尊重理解间，家长也会不自觉地改善自己的行为举止，向教师看齐。

在家校交往中，教师需要掌握的礼仪虽然纷繁复杂，但根本点则是：尊重家长、平等相待；态度真诚、举止大方；积极鼓励、恰当评价。如果教师能关注到这些交流礼仪的细节，并能营造一个和谐开放的交流氛围，不仅有利于达到教育学生的目的，也能赢得学生家长的理解和尊重，推动今后各项工作的顺利开展。

家访和家长会是教师与家长沟通的最主要、最直接的方式，也是家长了解孩子在学校各方面表现的重要途径，本章将分别对教师在家访和家长会两种活动场景下的礼仪进行详细的介绍。

第二节
教师的家访礼仪

学习目标

1. 了解家访的内涵及家访的形式。
2. 掌握面对面家访和非面对面家访的内涵及其具体形式。
3. 理解不同形式家访的意义并能根据具体情况选择恰当的家访形式。

一、家访内涵的变化

（一）家访的内涵

《教育百科辞典》和《实用教育大词典》中"**家访**"词条的解释是"为了教育好学生，教师到学生家庭中与其家长取得联系的活动，包括常规家访和重点家访"[12]。另外，有学者则指出"家访是班主任同家长加强联系，沟通信息，谋求共同教育孩子，协调教育力量，向家长提供家教咨询的活动"[3]。从以上两种概念界定中可以看出，《教育百科辞典》和《实用教育大词典》的定义强调家访是教师到学生家中与家长取得联系的活动，而第二种定义则强调家访是教师向家长提供教育咨询的活动，并未强调教师要到学生家去。随着时代的发展与社会的进步，我们认为第二种定义更反映了时代的特征，即家访是教师为了和学生家长交流学生在学校和家庭中的表现，争取家长配合学校教育，形成共同教育学生的合力，而向家长提供家教咨询和进行信息交流的活动。它并不强调教师和家长交流

1 张念宏. 教育百科词典［M］. 北京：中国农业科技出版社，1988：75.
2 王焕勋. 实用教育大词典［M］. 北京：北京师范大学出版社，1995：195.
3 张民生. 班主任工作导论［M］. 北京：高等教育出版社，1994：175.

的场所一定是在学生的家中。

（二）多样的家访形式

今天，教育环境不断变化，信息技术日新月异，家访的方式也应与时俱进。由于中小学教师工作压力大、任务重、头绪多，利用QQ、短信、电话、邮件等信息平台或请家长到学校面谈等家访方式，更便捷、更受教师的青睐。因此，家访不仅在内涵上有了变化，外延也拓展了。家访成为教师为了教育学生，促进学生的发展，与家长取得联系并进行一对一交流的活动。由此来看，家访按沟通方式可以大体分为入户家访和非入户家访两大类，随着网上家访、"家校通"等日益流行，传统的入户家访和基于信息技术的电子家访以及家长访教师，都应成为家访的重要组成部分。

> **家访**
>
> 家访是教师为了和学生家长交流学生在学校和家庭中的表现，争取家长配合学校教育，形成共同教育学生的合力，而向家长提供家教咨询和进行信息交流的活动。

二、面对面家访中教师的礼仪

面对面家访还体现了教师对学生的关怀和对学生家长的尊重，从而调动家长积极配合教师的教育工作和激发学生的学习兴趣。在面对面家访中，教师和家长在随和、宽松的气氛中能够更好地进行感情交流，深入地讨论教育方法的细节以及学生各方面的表现，教师和家长都能获得大量的信息。同时，教师也能充分地以自身的人格魅力、学识水平去感染和影响学生及其家长。因此，面对面家访被认为是最具"质感"的家校联系方式，但也是对教师礼仪素养要求很高的一种交流方式。它对教师语言、表情、体态等方面的礼仪都有具体的规范。

> **面对面家访**
>
> 面对面家访是为解决个别学生的某个教育问题，教师到学生家中与家长交换意见或学生家长到学校与老师进行教育咨询的交流活动。

（一）教师入户家访的礼仪

教师在入户家访前，一定要做好充分的准备，例如多方了解家长教养、家庭环境、家长关注的主要问题等，这既是对家长的尊重，同时又提高了交流的质量。

1. 家访前的准备

做好准备，是教师进行家访的必备礼仪。没有准备而去家访，是对家长的不尊重。

家访前教师应做好以下几个方面的准备。

（1）通过各种渠道了解有关家长和家庭的信息，做到知己知彼，心中有数，以免在面谈时产生不必要的尴尬和误会。

（2）通过必要的通信手段（如电话、邮件、QQ、微信等）联系家长，表明自己家访的意愿，了解家长对家访的态度（有些家庭出于保护隐私的考虑可能不愿意教师登门家访，此时对家长心理的掌握就更显重要），确定家访的时间、地点（有些家长更愿意请教师到咖啡屋等公共场所见面，而不愿让教师到家里），简单了解一下家长所关切的，例如学生近期各科学习成绩、上课表现、为人处世的优缺点等，教师可以据此更有针对性地做家访的准备。

（3）教师必须预估可能遇到的困难和意想不到的情况，做好克服困难的心理准备。

（4）教师应根据家访的时间、地点和家访的对象等选择适宜的着装。教师着装既要端庄，又不要太刻板；既要舒适，又不能太随意；既要时尚，又不能太炫耀。最重要的是要根据家访的目的选择合适的装束以及服装的款式、颜色、质地。

案例

一次不成功的家访

学习不错的元元最近上课精力不集中，成绩直线下滑，竟然在期中测试中考了倒数第三名。孙老师很生气，第二天跑到元元家中进行家访。面对孙老师的突然造访，元元的爷爷、奶奶很意外，表现得不知所措。元元的爸妈不在家，于是孙老师便向爷爷、奶奶通报了他在学校的情况，并想与他们交换孩子今后教育和发展的意见。

然而，元元的爷爷、奶奶对教育方面的事情也说不清楚，对于孩子今后的培养更没有明确的想法和建议。大概过了半小时，元元的爸爸才匆匆赶到家里，向孙老师表示歉意并解释自己确实很繁忙，平常只关心孩子的吃穿，虽然对孩子要求也很严格，但对孩子的学习情况并没有深入了解，对于孩子的发展只是顺其自然。元元爸爸表示愿意接受老师的建议，并答应今后要抽更多时间和精力来关注孩子的教育。孙老师从元元爸爸的表情和言语之间，感觉到他并没有理解自己的意思，只是礼节性的应付而已，而且在谈话过程中，元元爸爸接了两次较长时间的电话，让孙老师深感失望和尴尬，最后孙老师也就草草结束了家访工作。

老师来家访了！

来源： http://www.baike.com/wiki/

本案例中，孙老师的家访虽然出于善意，但由于在登门家访前没有提前通知元元家长家访的时间、事由、目的等相关信息就贸然上门，使元元的家长措手不及。在家访前，孙老师对元元的家庭情况也没有进行充分翔实的了解，特别是没有做好应对突发情况的准备，一旦出现像元元家这种对孩子负主要教育责任的家长不在场的情况，便难以应对，使一次宝贵的家访机会白白浪费。因此，教师在家访前详细了解家长的职业特点、家庭状况等家庭信息，才可能针对孩子和家长给出恰当的帮助，家访才能有针对性。家访这样的小事，也体现着教师的修养。

2. 家访中的表现

家访离不开交谈，谈话的态度和方式关系着交流的结果。真挚友善的话语能温暖人心，能提高语言的交往功能；粗野尖刻的语言则伤害感情，使人与人的关系变得冷淡。

（1）使用敬语。交谈要用敬语，敬语是表示尊敬和礼貌的用语。尤其是青年教师与年长的家长交谈时，建议多使用敬语，使家长觉得教师礼貌谦逊、和气亲切、平易近人，无形之中便拉近了彼此的距离。

（2）带着理解去交谈。教师应努力从家长的立场去理解其思想、感情及对客观世界的态度，不作任何评价和判断，只表示同情、理解和尊重，并使对方感受到被理解。在教师和家长的交谈中，理解语显得尤为重要，教师偶尔表现出的体谅、理解的态度，站在家长的视域理解孩子的问题，能加深家长对教师的好感和信赖度，使教师和家长能很快构建和谐、信赖的交流氛围。

在交流中，教师必须具有理解的诚意，既拥有自己的观点和态度，又要充分考虑对方的意见和感受；要在所谈论的事情面前弱化自身，做到有我在而无我执，与家长进行有效沟通。

🔍 **案例**

懂得理解的连老师

早上，佳佳告诉妈妈昨天值日的时候把教室门上的玻璃弄脏了，老师让妈妈去班里擦玻璃。一听儿子又犯错误了，妈妈情绪有些激动和烦闷。对于每一位家长而言，由于孩子犯错误被老师请到学校约谈都是一场"噩梦"的开始。下午二年级（3）班放学后，佳佳妈妈硬着头皮走进教室，看见讲桌旁正在看书的连老师，轻声地打了个招呼，就赶紧道歉道："真是对不起，又给老师添麻烦了，这孩子成天不是这事就是那事，刚开学没几天就……"连老师微笑地看着佳佳妈妈，认真聆听着，感觉到她过度关注孩子的日常行为，容易把孩子的小错误放大，同时又把教师请家长的事儿看得太严重。"哦，没多大事儿，别太在意，只是佳佳值日时用拖把在后门玻璃上捅，那样太危险了，如果玻璃掉下来后果不堪设想。为了给他个教训，我让您来擦玻璃，就是想让他长个记性，以后尽量避免此类危险动作。哪个孩子不用操心就能长大？哪有不用操心就轻轻松松做父母的？犯点小错误、出点小状况再正常不过了，孩子总会长大懂事的……"李老师能如此耐心倾听自己，能如此善解人意，能对孩子如此宽容大度，佳佳妈妈备受感动，心里觉得热乎乎的，同时，也有了跟老师进一步交流的强烈意愿。"老师您能这么想，我们太欣慰了，就怕您认为孩子是故意捣乱而讨厌他。"老师会心一笑，说："放心吧，我能理解这个阶段的孩子，他对很多事儿都好奇，但判断能力又不足，所以会犯错误，但不能把它定性为故意捣乱或不听话什么的。不过理解归理解，犯了错误处罚还是不能免去的……"没想到能和老师这么畅通地进行沟通，佳佳妈妈心头的乌云很快消散了。

在本案例中，连老师没有把自己看作一个教育权威，也没有将自己的观点强加于家长，更没有先入为主地以家长的身份地位、文化背景等判断和评价家长的陈述。连老师把自己定位为佳佳妈妈在孩子教育问题上的友伴，从而为交流创设了一个自由和宽松的氛围。当然，连老师在给予家长充分理解的同时，也坦诚地表达自己的观点、看法和感受，从而真正做到交流与沟通。

🔊 **名人名言**

世界上最廉价，而且能得到最大收益的一项物质，就是礼节。

——拿破仑·希尔

（3）交流需要聆听。在与家长交谈时，教师必须成为一个善听者，给家长留有谈话的时机。在聆听时，要全神贯注，静静地听，不要做无关的动作；要积极主动，去了解对方，不要打断对方，让家长把话说完。聆听不但要专心致志，而且要不时地通过表情和手势，对谈话者的谈话内容做出反应，如点头示意等。

（4）交流中的表情。在语言之外，神态表情是建立和谐人际交往关系的催化剂。

① 微笑。微笑作为一种"情绪语言"，能使交流双方产生良好的心境。微笑作为一种无声语言，往往可以表达"比口头语言复杂千倍的内容"。"微笑效应"能融洽教师和家长双方的感情，营造轻松友好的气氛；微笑能缓解紧张空气，消除误解、疑虑和不安。微笑的力量在于它使人感受到了对方对自己的尊重与关注，感受到了对方对自己身份的认可，内心感受得到了他人对自己的关照，从而在心理上产生满足感。因此，在与家长交流中，发自内心的微笑，能够引导交流的顺利进行。

② 目光。眼睛是心灵的窗户，是展示心理活动、传递信息和思想的媒介。除了微笑，教师还需要通过目光与家长进行交流。印度诗

来源： http://www.sndisxx.com/ReadNews.asp?NewsId=685

人泰戈尔说："一旦学会了眼睛的语言，表情的变化将是无穷无尽的。"在家校交往中，教师应始终保持目光的接触，通过目光展现温和、理解、会意等难以用语言交流的内容。当然，目光不能逼人，也不能不时地在家长面部转动。

③ 面部神态。在家校交流中，教师的神情应该是亲切、平静、自然、谦和的。平易近人的神态可以大大拉近教师与家长之间的距离。

3. 家访后的反馈

教师与家长面对面交流的结束并不意味着家访的结束。家访后，教师应反思交流过程，认真思考、探寻并厘清家长所关心的问题，最后将家访的详细过程和对问题解决的结果记录下来，对家长关切的问题进行反馈，为家长提供帮助和咨询。家访过后，通过口头或书面方式，给家长一个真诚的反馈，既是教师对家长的尊重，也是对自己以及自己工作的尊重。

（二）教师被访时的礼仪

由于受到时间、精力、教学资源等方面的限制，教师上门家访的情况逐渐被家长到校访问教师所取代。这种交流方式虽然限制了教师对学生家庭状况的了解，但有利于家长更好地了解学校。教师在学校接受家长的到访同样要注意相应的礼仪，以便解除家长的顾虑和压力，促进家校合作关系的构建。

教师被访时应有的礼仪，主要包括如下一些。

1. 确定适当的会谈时间

一般交流应选择在放学后，这样一方面教师和家长交流起来有更大的时间自由度，可以交流得更深入细致；另一方面也不易给被约谈的家长造成过大的心理压力。打电话联系之前，教师要提前做好准备，把要联系的家长的姓名及相关内容归纳成几条，写在纸上。内容要简明扼要、干脆利索，要有较强的时间观念，抓住主题，在尽可能短的时间内表达清楚自己的意思。有时家长可能没有预约就来到学校，想与教师沟通某些事情，如果恰逢是一个不能谈话的时间，教师也应感谢家长的到来，简单了解家长来访的原因，这样可以为下次会面做好准备，并主动预约家长另时段沟通。

2. 批评学生要考虑家长的感受

无论是家长主动访问教师，还是教师邀请家长面谈，许多情况下是由于学生的行为出现偏差需要及时纠正或违反了学校的规章制度需要及时改正。面对家长批评学生时，一定要讲

来源：http://blog.sina.com.cn/s/blog_4a24d6d10100ukua.html

究批评的礼仪，把握好分寸，站在家长的立场去体谅家长的情绪，以合适的语句指出学生存在的缺点和错误。要让家长感受到教师的批评是对学生的帮助、关心和爱护，而不是威胁、命令、恐吓、责备甚至是指桑骂槐地指责家长。批评学生要注意就事论事，切忌株连，不能将陈年往事与当前的事搅在一起纠缠不清，否则只会引起家长的反感和不悦。尽量不要言辞犀利地直接批评，而应通过点化提醒、委婉迂回的方式提醒家长，促使家长解除疑虑和顾忌，帮助孩子改正错误。教师必须尊重家长的人格，尊重家长教育子女的正确观点和方式方法。但是，尊重家长不等于迁就家长，对正确的要支持，对错误的要真诚指出。

3. 对待强势家长的礼仪

绝大多数家长能够积极有效地配合和支持学校工作，但也有些家长不够通情达理，甚至还会蛮横无理，权且把这部分家长称为强势的家长。这些家长有的总是认为自己的孩子很"完美"，即使孩子问题频出，也要百般辩解和偏袒。有的家长则常常找教师的茬儿，纠缠不清。教师最怕与这样的家长进行交流，情绪很容易受到干扰，进而影响正常工作。因此，强势的家长给教师及其工作所带来的负面影响不可小视。教师应掌握一些应对强势家长的礼仪和技巧。

（1）在言语和态度上要尊重他们。尊重学生家长是对教师在基本礼仪方面的要求，但是，在与那些态度蛮横、不讲道理的家长交流时，教师要做到语言和态度上都能像尊重其他家长一样尊重强势的家长并不容易，这需要教师具备宽阔的胸襟和高深的涵养。无论这些家长是否公正，对于教师来说都要努力控制自己的情绪，说话注意分寸，语气平和，使用礼貌用语，不说过激的话，不用犀利的言词，态度不卑不亢，目中有人、坦诚以待，时时让他们体会到被尊重。

（2）在行为上要耐心倾听、不争辩。强势的家长通常都急于陈述自己的观点，教师要避免与强势家长大声争辩，更不能讥讽、挖苦，而是应该认真倾听，理解家长的诉求，同时，也在这个过程中，为学生和家长树立文明待人、文明处事的榜样。

🔊 名人名言

心诚气温，气和辞婉，必能动人。

——薛宣《谈书录》

（3）在目光神情上应冷静、坚定。多数教师在强势家长面前容易变得紧张不安、勇气不足，并且在感到恐惧时，会把视线投向别处。教师应保持冷静，用理智的态度、坚定的目光与家长交流、沟通，最终解决问题。

三、非面对面家访中教师的礼仪

（一）非面对面家访遇到的挑战

学生家庭住址范围的扩大、分散以及人们生活节奏的加快，给传统家访带来了更大的难度。随着信息技术的发展，电话、"家校通"、QQ、电子邮件、微信等现代的家校沟通形式，在逐渐取代传统的入户家访，基于信息技术的非面对面家访正在成为教师和家长们交流的重要方式。

非面对面家访的优势在于：当学生居住地分散时，可以节约教师的时间；可以解决在外地工作的学生家长与教师及时交流的问题；可以解决教师登门拜访与某些家长的作息时间冲突的问题；还为注重隐私保护的家长提供了一种家校沟通的解决方案。当然，信息技术虽然使家校交流更便捷，但也可能使家校交流在冰冷的技术手段下失去了热度和质感。

> **非面对面家访**
>
> 非面对面家访是为避免家庭住址范围的扩大和人们生活节奏加快给教师和家长交流带来的不便，借助信息技术，例如电话、"家校通"、QQ、电子邮件、微信等现代的家校沟通形式，进行家校信息交流的活动。

🔍 **案例**

电子家访——想说爱你不容易

记者在我市多所中小学校采访发现，多数学生都没有经历过家访，有的甚至不知家访为何物。"从我上学以来，老师从没有来过我家。只是完不成作业的时候，班主任会给我爸妈打个电话……这算是家访吗？"初一学生刘阳很疑惑。

新学期伊始，小学生张子阳的父亲接到一条短信，是儿子所在班级班主任发的："请各位家长务必在您孩子的作业本上签字，以证明孩子作业的真实性。"看到这条短信，张子阳的父亲说："在我手机里，类似来自老师的'命令式'的短信不下100条。这样让人略感冷漠的联系方式，肯定不能让教师和家长更好地沟通。"

"我女儿读小学三年级了，老师一次都没来家访过。"曾经当过老师现在在机关工作的傅先生告诉记者，每天他都能收到孩子老师发来的短信，如"字词抄几遍""这次考试考几分，在班里属于什么水平"等。"尽管这些信息很及时，但总感觉冷冰冰的。"现在传统的上门家访已很少见，逐渐被打电话、发短信、聊QQ等代替。虽然老师和家长的交流依然存在甚至更加频繁，但是他们总是感觉这种"电波"那端的家访方式，让老师和家长之间少了点什么。[1]

---

1 赵琳. 登门家访，想说爱你不容易 [J]. 哈尔滨日报，2010-10-17.

从对电子家访态度的调查中，可以看出，大多数家长肯定了它对交流沟通的支持能力，但对利用电子家访进行家校联系的效果并不满意。部分家长认为，"电子家访"没有那种面对面促膝谈心的交流，只闻其声不见其人，弱化了情感交流，特别是对那些行为习惯不好、性格孤僻、学习上有障碍问题的学生，更需要教师富有感情的关心。因此，非面对面家访的作用始终难于取代传统家访。

（二）注重非面对面家访中教师的礼仪

1. 电话礼仪

电话已成为教师和家长交流的重要方式。有了交流工具，还需要教师掌握更好地使用工具的礼仪，如打电话、接电话的礼仪规范。

（1）接电话注意事项。电话铃声一响，应该在响过三声后及时拿起。铃声一响就接有时会掉线，铃声响过多次才接起，容易使家长产生不良印象。接起电话后应先自我介绍，例如"你好，这里是某某学校"或"早晨好，某学校"，而不能拿起电话就说："喂，你是谁呀？"接听电话、与家长交谈应选用清晰、悦耳的语调，用谦恭、友善的语气，让家长听起来轻松、愉快。

（2）打电话注意事项。需要给学生家长打电话时，教师应选择恰当的通话时间。打电话最好避开用餐时间、睡眠时间。另外，还要注意通话时间的长短。通话一般不要超过三分钟。通话目的明确，以便拨通电话后能迅速而有条理地说出所要谈的事情，切忌漫无目的地东拉西扯。打电话时要使用礼貌语言，这样才能取得与家长更好的沟通效果。为了节省通话时间并获得良好的沟通效果，打电话之前和之中都需要认真斟酌通话的内容，做到"事先准备、简明扼要、适可而止"。先把通话要点告诉对方，然后再详细说明内容，如今天打电话主要想说两件事，第一件是……第二件是……这样能够使家长明确地理解你所说的内容，避免抓不住话题方向。

2. 邮件礼仪

（1）写邮件的礼仪。邮件也是信件的一种，信文应包括称呼、正文、署名、日期等内容。现在，随着工作、生活的节奏加快，邮件逐渐取代了传统信件，同时为了节约时间，人们常常简化邮件的组成。然而，出于对家长的尊重，教师在与家长邮件沟通时，仍需注意信件的完整构成。

① 称呼。称呼既表明了教师对家长的尊重，也表明了教师对学生家庭情况的掌握。称呼应考虑到家长的职业、年龄、性别等，或直接称"某某爸爸（妈妈）"。

② 正文。正文应包括问候、正文主体、结束语、祝颂语，而正文主体是重中之重。教师给家长的邮件主要是为了解决学生的教育问题，因此，邮件的正文主体应直抒题意、表述准确、行文简练、层次分明，注意多用敬语和谦语。信尾应有简单的结束语和祝颂语，一方

面使行文更完整，另一方面也体现出对学生家长的尊重。

③ 署名、日期。邮件结尾写明发件教师的姓名和日期，以便家长知道是哪位教师的来信，回复时才能有的放矢。

（2）邮件管理和反馈礼仪。养成定期查阅邮箱的习惯，最好每天登录一次，及时发现新邮件。与家长通过邮件交流信息，应做到对家长关切内容的及时回复。教师应尽量在24小时内回复电子邮件。这一简单的习惯可使家长对教师产生直接的好感和信赖。如果延迟沟通会使家长灰心，并最终增加教师的工作和心理压力。及时回复学生家长的邮件，是现代教师的重要礼仪之一。

3. 网络交流礼仪

（1）网络语言礼仪。网络上，教师与家长互不见面，是纯粹的语言交流，因此，更要讲究语言礼仪。多用礼貌语，避免说粗话、荤话、黑话和方言。要善于赞扬对方。俗话说得好，"好人出在嘴上，好马出在腿上"，赞扬、鼓励、体贴的话会让对方觉得温暖，也会使相隔万里的人彼此心心相连。

📢 名人名言

只有尊敬别人的人，才有权受人尊敬。

——苏霍姆林斯基

🔍 案例

新媒体时代，交流也能有热度

昨天下午，二（5）班的班主任陈老师在微信朋友圈发了一段话，让不少家长很有感触。"当你这周或下周看到孩子成绩时，无论成绩好坏，请想想：每个孩子都是一颗花的种子，只不过每个人的花期不同。有的花，一开始就会很灿烂地绽放；有的花，需要漫长的等待。不要看着别人的花怒放了，自己的那棵还没动静就着急，相信是花，都有自己的花期。细心地呵护自己的花，慢慢地看着长大，陪着他（她）沐浴阳光风雨，这何尝不是一种幸福。也许你的种子永远不会开花，因为他是参天大树！"陈老师说："这段话是我前几天看到的，觉得很有道理。今天早上，一个家长在微信上说把女儿骂了一顿，结果母女俩都哭了。这个女生在班上学习成绩一般，期末家长看到成绩不理想，就着急了。这件事让我很有感触，于是就把这段话修改了一下发了上去。"令陈老师没想到的是，这条微信会引起那么大的反响，被家长多次转发，甚至有的妈妈看后感动得流泪。后天就是期末考试了，陈老师想对孩子和家长们说："尽力就好，无论孩子考试成绩怎么样，我们都欣然接受。"[1]

每个人都渴望温暖，一句鼓励、赞美的话语会使人如沐春风，融化坚冰，驱走黑暗与寒冷，带给人快乐与信心。温度怡人的语言如疗伤的妙药，而冷如冰霜的语言恰如致命的毒剑。利用电子家访的方式进行家校联系时，教师缺少了情绪态度和肢体语言的辅助，在表达情感方面缺少了天然的优势，但教师可以通过有温度的语言使交流变得有热度。正所谓"良言一句三冬暖，恶语伤人六月寒"。

（2）网络交流主题恰当。谈话主题的选择也颇有学问。选择主题时，应以家长迫切需要解决的问题及感兴趣的内容优先，俗话说"酒逢知己千杯少，话不投机半句多"。这要求教师在具体交谈中仔细观察、体会，如果和某位家长在网上初次相识，则应该选择轻松的主题、最近家长普遍比较关心的主题或者自己比较熟悉的主题。

第三节
教师的家长会礼仪

🎯 **学习目标**

1. 了解家长会的内涵和功能。

2. 掌握家长会的前期准备、家长会的过程和家长会结束的礼仪。

3. 正确认识教师礼仪在家长会中的作用，并争取开好每一次家长会。

苏霍姆林斯基曾经说过："没有家庭教育的学校教育和没有学校教育的家庭教育都不可能完成培养人这样一个极其细微的任务。"[2]召开家长会是一种有效沟通家长与教师的手段。成功的家长会能把学校教育和家庭教育有机地结合起来，使教师和家长彼此间相互理解、支持和配合，发挥学校教育和家庭教育的合力，最终实现对学生共同教育的目的。对于教师而言，家长会礼仪如果运用得当，便会在一定程度上提高交流的效果和质量。

一、家长会的内涵与功能

家长会的成功与否在很大程度上取决于教师的态度和行为。一些家长会只是班主任为了完成学校布置的任务而被动召开的。

---

1 章韵. 一条感动很多家长的微信：每个孩子都是一颗花的种子 [J]. 人民日报，2014-01-21：10.

2 薛小玲. 家园合作，实现教育共赢 [J]. 视野，2009（7）：5.

在这样的家长会上，教师大多漫无目的、面面俱到地讲些杂乱琐碎的问题，常常眉毛胡子一把抓，缺乏中心议题。有时，家长会的氛围十分严肃，教师用严肃的表情，反复强调学生的成绩，让家长颇感压力。在这样的情况下，家长会便失去了它应有的作用。

🔍 案例

高效家长会

王老师是位经验丰富的老教师，所带班级的家长都很钦佩他的为人，多年与学生、家长的沟通交流中使他拥有了自己一套独有的家长会模式，这种高效的家长会模式也被许多其他同事效仿。首先，在家长会开始前设计好一套家长调查问卷，问卷内容可以使教师了解学生及学生家庭的基本信息，并全面了解家庭教育环境对学生本人的影响，特别

来源：http://www.hangzhou.com.cn/20040101/ca406261.htm

是掌握家长在学生学习习惯、生活方式、处世态度、价值观念等方面的内容。王老师还会精心准备好一套完备的家长学习资料，其中包括家长会流程、学生的成绩情况、作业情况以及出勤和活动参与统计表及相关的收费条目。最值得一提的就是王老师会将一些优秀的书籍杂志作为阅读条目罗列在给定的资料中，督促家长要积极地学习。班级微信群、QQ群的设立给家长彼此之间交流提供了便利。在家长会过程之中，将学校的办学理念、校风、学风以及班级特色、班级阶段性建设目标措施、组织的主要活动制作成一个精美的PPT演示文稿供家长欣赏。在每次家长会结束的时候，王老师都会给家长们留一份笔头上的作业，让家长将自己参加完家长会的所思所感写成观后感，通过比较反思，就孩子的教育作一些思考和规划，促进孩子健康成长。几年下来，大家都对王老师的家长会记忆犹新，让家长们受益匪浅。

在本案例中，短短一个小时的时间，王老师组织了一场形式活、容量多、效果好的家长会，既让家长了解了班级和学校的情况，又使家长掌握了孩子在校的学习表现。如此高效的家长会既离不开学校整体谋划，更离不开王老师对家长时间的珍惜以及与家长的坦诚沟通。

> **家长会**
>
> 家长会是教师与家长互动沟通最为普遍的一种形式，通常情况下是由学校或教师所发起的，面向学生家长，有时也包括学生自身，教师主持、交流、互动，形成一种介绍性的会议或活动。

通过家长会，家长可以全面了解自己孩子在学校的情况，如学习成绩、思想品德以及生活习惯等。同时，教师也可以了解学生家庭的基本情况。家长会使教师和家长增进了彼此的了解，对于共同教育学生达成了一些共识。在教师与家长相互了解和沟通的基础上，双方彼此尊重，家长理解并支持教师的工作，教师体谅家长的实际情况，进而促使双方达到最为理想的教育效果，形成一股合力。

二、家长会前期准备的礼仪

一个好的家长会的召开应当将宣传、沟通、展示三者融为一体，而能够促成这个目标实现的最为关键的一步就是家长会的前期准备筹划。它会在整个家长会过程中起到至关重要的作用。家长会的前期准备工作是整个家长会的前奏部分，同样也是教师在家长会上表现自己礼仪修养的准备阶段和关键环节。

（一）做好个人准备

在家长会召开之前，教师需要从礼仪方面做好充分的准备。无论是个人卫生、服饰选择，还是教师妆容，都是展现教师风貌的重要环节。

1. 个人卫生

教师的个人卫生是教师精神面貌重要的外在表现，它会直接影响家长对教师的信任度。在家长会上，教师要与众多家长进行近距离交流，所以应提前洗澡、洗脸、理发、清理指甲、清洁口腔并换上干净的衣服等。这不仅是教师健康向上的形象的展现，同时也是教师良好的职业修养的反映。

2. 服装服饰

教师是教育的引领者，对学生和家长而言，常常具有教育榜样的作用。因此，教师应该对于自己的服装服饰有恰当的定位，既要与季节、场合相协调，又要与自己的年龄、时代特色相一致。否则，会引起不必要的议论或过分关注，从而影响到正常工作的开展。在家长会上，教师应当穿着较为正式的服饰，得体大方的套装是一种比较好的选择，教师穿着礼仪反映出的是教师对家长的尊重。

3. 化妆说明

对于教师特别是女教师而言，适当的淡妆会起到画龙点睛的作用，不仅让交流对象拥有一种美感，同时可以提升教师的自信。曾经有一位哲人这样说："化妆是使人放弃自卑，与憔悴无缘的一味最好的良药。"[1]化妆是一门艺术，会让人找到愉悦之感，教师化淡妆是对家

---

1 兰希高. 教师礼仪修养［M］. 南昌：江西高校出版社，2008：25.

长的尊重，同样也会得到家长的尊重。

（二）家长会安排礼仪

1. 安排家长会时间的礼仪

家长会的召开应该有一定的规律性，不能天马行空随便决定。一般家长会召开的时间安排在学期的中间或期末为宜。如果遇到特殊的情况，也应该以书面或者电子邮件等方式告知学生家长。家长会的时间选择，应以确保绝大多数的家长有时间来参会为原则，一般应安排在下午放学后。在决定了家长会的召开时间后，应当提前一两周告知家长，以便家长有充足时间去协调安排。

2. 家长会通知的语言礼仪

如果教师选择电话等口头方式来通知家长，则要在表述的过程中以一种平和、亲近的语气进行信息传递，使用普通话、吐字清楚、语速适中、语调平稳。切忌出现命令、要求等使人产生压迫感的表达。如果教师采用书面语进行通知，首先要明确对家长的称呼，避免直呼其名或张冠李戴，可以根据家长的年龄、职位等进行必要的称呼，或是直接以学生的名字加家长称谓进行称呼，例如李强爸爸等。其次，通知的正文中一定要说明时间、地点、注意事项、所需准备的物品等，做到简练、准确、全面。最后，应当向家长说明如果因故不能参加家长会，可以和教师联系，选择其他时间与教师进行沟通，以便了解到整个会议的内容。

🔊 名人名言

礼，经国家，定社稷，序民人，利后嗣。

——《左传》

（三）会场环境布置礼仪

在家长会的环境布置中，应从细节中给人温暖的感动，使置身其中的人体会到自由、平等、关注，使家长产生愉快的情绪体验。布置一个整洁、温馨，具有人文气息的教室环境，是对家长的尊重，也是教师内在修养和外在素质的综合表现。

🔍 案例

更多展示，更多惊喜

五年级（4）班有这样的一个传统，每个学期的开学初，班主任陆老师都会让同学们在教室后墙做一个展示板，将平日里每次小考各门学科的成绩记录在上面。成绩排进前10名的同学就会有一个小红旗的粘贴，作为奖励。陆老师这样做的目的是鼓励和督促大家形成学习上的竞争意识。在家长会召开的时候家长就可以一目了然地看到自己孩子的学习状况。但对于像杜美美这种学习成绩一直处于中下游的同学来说，从来没有奖励便会让他们失去学习的兴趣和信心。

来源：http://www.neyc.cn/Item.aspx?id=9505

新学期开学初，陆老师一改往日的传统，在教室的空白墙壁上分别作了几个不同的展示区，其中除了以往的成绩展示区外还加上了参加文艺活动的照片展示区、书法绘画小制作展示区、读书笔记优秀作文展示区以及每周明星榜。

以往家长会上大家只会知道班级的哪些同学学习成绩较为突出和优秀，而却不能知道其他人的表现和特长。像杜美美这样以前从来都没有得过任何粘贴的同学，也在展板上有了自己的一席之地。杜美美妈妈惊喜地发现了自己女儿参加学校舞蹈大赛的照片，而且还听到其他家长私下交流："这个小女孩真好看，多才多艺的。"杜美美的妈妈很开心，对女儿也重拾了信心。

家长会的环境布置主要包括校园的环境和教室内部的环境。校园环境布置大致上应该包括在学校外挂有明显的欢迎标语，并且要保持操场、走廊的卫生，每个楼层都应该标有相应班级的路向指示标。而教室内的环境布置主要体现在黑板上张贴欢迎家长的标语，设计好教室后面板报，自己班级外指示牌制作要清晰明显，教室内卫生整洁，物品摆放合理得体，陈列可供家长翻阅的资料，设置班级学生们的作品才艺展示区，设置各项成绩的公布栏，等等。在以上案例中，陆老师将自己班级布置得温馨而有特色，它不仅带给学生更多的欣喜，同时也在一定程度上让家长舒心。类似于杜美美妈妈这样的家长，不再像往日一样只关注自己孩子成绩的高低，而是可以通过教室的多样场景布置了解到更多的班级文化、更多的关于孩子的成长信息，在如此人性化的环境和氛围中体会到学校、教师对自己、对孩子的重视和尊重。与传统教室中我们看到的"争做第一"的标语以及孩子的成绩排行榜相对比，人性化的教室布置会让家长有焕然一新的感觉。教室的布置应该让家长看到除了成绩以外，每个孩子的每个方面的成长和进步都值得尊重。各种文艺会演的照片、各种书法美术的展示以及情感交流的"班书"，都应该成为班级布置不错的选择，都会让班级更像是学生的第二个家。同时，需要注意的是班级的这种文化氛围应该是持久性的，不可因为今天召开家长会就提前大规模地整理布置，当会议结束后就立即恢复原貌，而应当在今后每天的学习生活中去共同维护和保持。

三、家长会的过程礼仪

（一）时间安排礼仪

1. 准时开会

开家长会，教师首要的礼仪就是守时。在提前通知家长会开始时间的前提下，应在规定的时间准时启动会议程序，教师不能因为个别家长的个别原因而影响了正常会议的进程，让大多数家长等待少数家长的情况应杜绝，更不能因为教师个人原因而随意更改会议时间。按规定时间举行会议，不仅是会议正常进行的一种保障，同时也体现出了一个人最基本的文明礼仪。

2. 控制会程

教师应该控制和把握好家长会的会程。家长大多工作繁忙，所以凑齐几十位家长在一起开会，相当不易。因此，教师必须要明确家长会的目的，突出会议的中心，去除空洞乏味形式化的内容，将时间控制在适当的范围内，不可过长或者过短。这样，既引起家长的足够重视，让其有所收获，又不至于耽误家长过多的时间。

（二）语言礼仪

教师在发言时，应用一种谦虚的口吻和商量的语气提出自己的班级设想，通过耐心细致的讲述来得到家长的理解、支持和认同，尽一切可能得到家长的积极配合，使二者步调一致。在会议的开始和结束时语气要保持自信和乐观，不可以将自己的不良情绪表现在语言中。教师对待家长应一视同仁，不论是学习成绩优秀的学生的家长还是成绩差的学生的家长，也不论是地位显赫的学生家长还是平凡普通的学生家长，在交流中都应始终使用礼貌用语。需要注意的是在家长会上尽量避免出现伤害家长自尊的话语，如"你的孩子太笨了，没

来源： http://szb.dlxww.com/dlrb/html/2011-07/20/content_510703.htm

有前途，已经无药可救了"或者"你们这些父母是怎么教育自己的孩子的，怎么会有这样的行为"。正面积极的引导才会创造出和谐的氛围，这样的家长会才会让家长觉得被尊重、被体谅、被平等以待。

（三）仪态礼仪

在家长会的召开过程中，教师不仅应做到容貌大方得体，同时要在仪态上体现教师良好

的个人修养。

1. 站姿

在召开家长会时，绝大多数教师会选择站立姿势来进行会议。这就要求教师做到直立挺拔、舒展大方、挺起胸膛，不耸肩、不仰头或低头。在站立时，要头正、肩平、躯挺、腿直。应尽量避免出现一些习惯性的动作，如双手插入裤袋、叠放于胸前或置于自己的背后等，这会使家长认为教师缺乏自信。当然，更要尽量避免一些不良的站姿，如浑身乱动、身体倾斜、弯腰驼背等。

2. 走姿

在家长会的召开过程中，教师不可避免地会在讲台前进行一些适当的走动。如果教师没有注意而忽略细节，则会给自己的仪态大大减分。教师在行走时，步伐要轻，并且要稳，不能在讲台上频繁走动。同时，走动的步频一定要放慢，每秒1~2步，并且步伐要小。教师在走动的过程中全身要放松，不要出现局促、拘谨的感觉。

3. 手势

手势是体态语言的一种，是非语言传递的重要组成部分。非语言包括面部表情、身体姿态、手势、服饰、空间距离等，手势是其中重要的组成部分。[1]在家长会上，手势与表情的合理运用，会自然流露出教师对学生的教育情感，同时，在一定程度上反映出教师的修养水平。要使手势起到交流正能量的作用，教师就一定要注意手势语言的幅度、力度、次数。自然亲切、恰当适时、简洁准确是教师手姿礼仪的最好状态。自然垂放是最基本的一种手势，双手可自然下垂，掌心向内，叠放或交握于腹前，或者放于大腿两侧。持物时要注意无论是单手还是双手都要握住物品，无名指和小手指不能无端上翘。鼓掌时右手在下左手在上，有力且要有节奏。表扬夸奖学生时候，可以举起右手，竖起大拇指等。

4. 目光

眼睛是心灵的窗口。在家长会上，教师面对的是几十位家长，要做到与家长进行积极的非言语交流以辅助语言交流的效果，那么目光就是最为重要的。在运用眼神时要自然、亲切、真实；眼球转动的范围适当，特别要注意目光接触的停留时间；对于家长，教师应当避免长时间的直视或者斜视，这会造成家长的一种恐惧等不自然心理。有经验的教师可以通过家长会上与家长的眼神交流总结出家长内心的困惑以及家长们所感兴趣的问题，这样不仅有助于整个家长会的进行，同时也体现了教师的礼仪。

---

1 刘素梅. 教师礼仪素养［M］. 长春：东北师范大学出版社，2010：26.

名人名言

礼貌周全不花钱，却比什么都值钱。

——塞万提斯

（四）尊重家长

家长会上教师的发言要充分尊重学生和学生家长，在家长面前应亲切自然、温文尔雅，不要以一种居高临下的态度对家长讲话，不适合用给学生上课的语言、语调讲话。

对于个别违纪学生应找其他时间单独和家长商榷帮教的措施，不宜在家长会上面红耳赤地点名批评，给家长难堪，造成尴尬场面。否则，家长会不但达不到加强家校沟通的作用，反而会造成学生的逆反心理和家长的对立情绪。教师也要注意在家长会上避免涉及家庭内部私密事件，不能在未经本人同意的情况下点名道姓地将学生家庭情况向全班同学家长透露。如果做了，则不仅是无礼的，而且是不道德的。

来　源：http://paper.people.com.cn/fcyym/html/2007-11/02/content_28833161.htm

四、家长会的结束礼仪

"编筐编篓，重在收口。"家长会的结束是对整个家长会的一次升华，此时是体现教师良好礼仪修养的重要时刻，切不能表现出自我懈怠、着急的情绪，要按部就班、有条不紊地将之前准备的内容结尾，不慌张、不急躁，应保持自己一贯的语音语调，做到心态上平和，语言表达上可以通过提高声调达到突出重点的目的。完美的结束不仅对整个会议来说是至关重要的，同时也会给家长留下深刻的印象，折射出教师良好的素养和一种优良的组织协调能力，对整个家长会起到画龙点睛的作用。

（一）加强互动

开家长会，教师应多给家长发言的机会，尤其是在家长会结束时，要给予家长更多互动交流的机会。类似头脑风暴、焦点访谈、实话实说的方式，让家长有机会说出自己的心里话，在教育孩子的具体方法上寻求优秀家长的经验分享。

🔍 **案例**

一组幸福家庭的推荐

孟老师在家长会将要结束时，都会以这样的方式结尾。

孟老师："感谢大家百忙之中特意来参加家长会。这次我们所推荐的幸福家庭是王大成之家，下面让我们用热烈的掌声欢迎王大成和他的爸爸上前演讲。"

王大成："叔叔阿姨大家下午好！我叫王大成，这是我的爸爸。爸爸是律师，妈妈是教师。我们家庭很欢乐，我爱爸爸妈妈，爸爸妈妈也爱我。"

王大成爸爸："大家好，今天很荣幸可以站在这里与大家一起分享我的教子之道，可能在一些方面我做得还不是很到位，但是我会积极做到最好的。其实我们父母可以做的事情还是很多的，终其一点都是为了能够促进孩子健康成长，我们应该从精神和行动上给予他们充分的支持。每次考完试后，可能有些家长会关注孩子的成绩，当然我也是如此。但是可能和有的家长不同的是在孩子取得好的成绩时，我做到的是告诉他不要骄傲自满，要保持清醒；而在孩子成绩不理想时，我觉得我们作为家长的就没有必要再去一味地批评和自责了，我们要做的很简单，就是给他们信心，并找出原因，我想这样对于孩子的帮助才会最大。"

像本案孟老师这样有经验的教师，在家长会结束的时候，会将自己的教育教学经验分享给家长，同时更注重为家长提供一个彼此交流、展示教育心得的平台，如王大成家长那样。虽然家长不是教育专家，但他们是离孩子最近的人，他们可以用自己的实际行动表达怎样的教育方式才是最有效、最适合自己孩子的。家长们通过家长会中的彼此交流汲取营养，将好的方法运用到自己孩子身上，扬长避短，久而久之一些好的方法就会被完整地保留下来，形成一种固有的模式。为家长提供展示和交流的机会，赋予家长开口说话的权利，体现了一名教师所应具有的良好的礼仪修养。

📢 **名人名言**

生活里最重要的是有礼貌，它比最高的智慧，比一切学识都重要。

——赫尔岑

（二）及时反馈

教师应该在第一时间把家长会收集的材料进行分析和整理，对于家长会上家长们提出的意见、反馈的信息要及时分析，认真处理，有关意见的处理结果应通过书信、电话以及其他媒体手段反馈给家长，这样会增加家长对于班级教师的信任感。

本章小结

家校关系是学生健康成长的重要影响因素。教师礼仪是一种强有力的教育要素，是家校交往中的正催化剂，对家校合作关系的形成具有重要的意义。建立和谐的家校关系要求教师必须了解并掌握一定的交往礼仪。

本章从家访和家长会两个情境出发，探讨了教师与家长之间建立和发展和谐关系的礼仪问题。家访有面对面及非面对面两种形式，各自有相应的教师礼仪。在陈述教师面对面家访的礼仪规范时，我们从教师入户家访和教师被访两个视角展开。教师入户家访应从家访前的准备、家访中的表现、家访后的反馈三方面考虑自己的言行、举止、仪态等方面的礼仪。而在教师被访这个环节中，我们特别介绍了如何应对强势家长的礼仪。本章还介绍了教师如何通过电话、QQ、电子邮件、微信等现代的家校沟通形式与家长沟通以及相应的沟通礼仪。

家长会是教师与家长群体见面的场景，是教师与家长沟通的一个重要途径。家长会的前期准备、家长会进行过程中以及家长会结束反馈三个阶段都有相应的教师礼仪。

总结 >

Aa 关键术语

家访	面对面家访	家长会
Follow-up Visit	Face to Face Visits	Parents' Meeting

章节链接

参照第一章与第三章内容进行学习。

应用 >

批判性思考

孔先生从孩子上幼儿园时就开始给老师送礼，觉得很正常。"一些老师教学水平高，家长送礼也觉得值，但是给一些教学一般的老师送礼，就不太情愿了。"孩子升入小学后，他依旧按惯例，拿了一张2000元的购物卡给班主任送礼，但这位大学刚毕业的年轻老师当场就拒绝了他的"礼物"，还教育了他一番。被噎回来之后，他觉得很没面子，对给老师送礼的事心里也产生了阴影，自从那次之后过年过节就再没给老师送过礼。他至今还在琢磨：是不是因为这位老师大学刚毕业，还比较单纯，对送礼的事还没"习惯"。

（来源：http://edu.sina.com.cn/zxx/2013-09-10/1512394730.shtml）

我国是礼仪之邦，自古就有"礼尚往来"的习俗。为了感谢老师的教导之恩，给老师送一些小礼物表达心意无可厚非。可是，近年来家长给老师送礼之风愈演愈烈，礼品数额越来越大。对此，家长和老师都有看法。请分析上文中"班主任"的做法，假如你是班主任，如何有礼有节地做到既不伤害家长的感情，又能婉拒家长的礼品呢？

✏️ 体验练习

1. 设想你是一位班主任，那么你在非面对面家访中，应注意哪些批评的礼仪？

2. 假如你是一名小学班主任，下周将召开一次家长会，为了让它成为一次成功的家长会，你应注意哪些礼节？

3. 一天，学生甲骂了学生乙，学生乙动手打了学生甲。学生乙的妈妈到学校大吵大闹，认为自己的孩子被打吃了亏，要求学生甲及其家长必须赔礼道歉。学生甲的妈妈也毫不退让，认为事端是学生乙挑起的，理应学生乙先道歉，并且打架的责任主要应由学生乙来负。

作为教师的你将如何有礼有节地处理这件纠纷，让家长对你的处理结果服气呢？

🔍 案例研究

张强因为李伟出言不逊而动手打了李伟，吃了亏的李伟扬言要找帮手替自己出气。为了避免事态进一步恶化，班主任焦老师联系双方家长到学校面谈。放学后，李伟妈妈和张强爸爸相继来到教师办公室。焦老师表情严肃地向双方家长介绍了事情的经过，但话还没等说完，张强爸爸就气哼哼地说："我把张强锁在家里了，甭想出来找事儿。"焦老师也不客气地接着道："如果能这样做的话，那就最好。张强一直在父母眼皮底下，我也就不担心再节外生枝了。"话音刚落，张强爸爸起身就喊："完事了吧？走人……"焦老师赶忙上前一步拦住他，厉声说道："张强爸爸你不能走，事儿还没解决完呢。不管怎么样张强毕竟动手打了人，作为家长应该对此有个态度。"张强爸爸瞪大了眼睛，说："事儿是李伟挑起来的，难道我们还得给他道歉！没门！谁让那小子嘴欠，就该挨揍。"气氛顿时紧张起来。焦老师眉头紧锁，盯着张强爸爸，提高音量道：

"虽然事情因李伟而起，但李伟毕竟没动手，张强打了人，两方面都有错，张强的错更大。如果你是这样的态度的话，我只好把这事儿交给教导处解决了，到时给张强的处罚就不是道歉这么简单了！""你爱交哪儿交哪儿，随便！"张强爸爸竟然火冒三丈。焦老师忍无可忍，大声喝道："你什么态度……"张强爸爸根本不听，摔门而去，身后留下了目瞪口呆的焦老师和李伟妈妈。

请依据本案例分析：如果你是焦老师，为了达到畅通交流、解决问题的目的，在面对像张强爸爸这样强势的家长时，你应该怎么做？

教学一线纪事

我所供职的是一所靠近城郊的农村中学。班级54名学生中有30名学生家长是离开自己原籍来海盐打工的新居民，他们所从事的工作劳动强度大，几乎没有休息日，还经常换工作，生活很不稳定。

小路就是因为父母工作关系，全家搬去了秦山，这给小路上学造成了一定的困难。小路现在的家距学校有30分钟车程，要换乘两次车，然而公交车常常不能按点出发。新学期刚开学不久，小路就迟到了好几次。小路的迟到给班级扣了分，小路心里十分自责，再加上无法马上适应新学期的学习生活，小路感觉很吃力。在观察了一段时间后，我想不能让一个原本品学兼优、心灵手巧的学生耽误了，必须及时与家长取得联系商议对策，经双方共同努力，争取让小路能住校，改变现在的学习状况。

我怕冒昧地上门家访会使小路全家很尴尬，同时，考虑到给人打工请假不易，所以我先让小路回家把我家访的想法告诉她父母，征求一下他们的意见，看是我上门家访方便还是他们到学校找我方便，在他们确定时间后再让小路带话给我。

在小路家长的配合下，最终可以进行一次家访。小路给我带路，在路上，为了缓解家访给小路带来的压力和紧张不安的情绪，我和小路说明此次家访的目的就是想核实一下她上学路途远的情况，核实完后就可以帮她申请住校。知道我不是上门告状，小路一下子开朗了很多。我对小路说："你们全家人现在要团结合作，你父母的任务是努力工作为你提供学习的保障，你的任务是努力学习，克服眼前困难，'不经历风雨，怎能见彩虹？'经过一段时间的磨炼和适应，你一定能收获更甘甜的果实……"

在向小路父母做了简单的自我介绍后，我把小路转学后的情况，以及我对改善这种现状的建议向小路父母说明了一下，表达了想和家长一起努力帮助小路适应学习生活的愿望，并一同讨论了具体措施。在交谈中，可以感受到小路父母非常感动，他们说："从未遇到这样为咱孩子着想的老师。"

这次家访后，小路家长还打电话向我道谢。后来小路转到沈阳读书了，她经常在QQ上跟我谈心，向我汇报她的学习情况，小路爸爸过年过节也总要发个短信，打个电话问候我，每次都热情地邀请我去他们东北的家里做客。在小路一家质朴、热情的感染和影响下，我也经常去看望以前帮助过我的老师、扶持过我的学长。我从与小路一家人的交往中感悟到工作很苦，总有收获；生活再累，总有甜蜜；困难再多，总能解决。

（来源：http://www.doc88.com/p-7783704519344.html，编者做适当修改）

拓展 >

☕ 补充读物

1　金正昆. 教师礼仪概论. 北京：北京大学出版社，2007.

本书以师范类学生以及广大教师为其适用对象，主要讲授当代人民教师所须掌握的职业礼仪规范，基本内容包括五个部分：一是包含社会公德、职业道德、双向沟通、阳光心态的师德；二是包含形象规范、着装规范、仪容规范、表情规范、举止规范的师表；三是包含礼貌用语、文明用语、书面用语、电话用语、网络用语的师言；四是包含校园交往、友邻交往、家庭交往、涉外交往、媒体交往的师缘；五是包含会面礼节、拜访礼节、集会礼节、宴会礼节、舞会礼节、交通礼节、礼品礼节的师行。通过学习将有助于开拓学习者的视野，并引导其深入了解教师礼仪的基本知识，掌握教师礼仪的基本技巧，提高实际应用教师礼仪的水平。

2　刘维俭，王传金. 现代教师礼仪教程. 南京：南京师范大学出版社，2006.

具备文明礼仪，培养良好修养，提高自身素质，是新时代对教师的要求。加强现代教师礼仪修养，从内在到外表不断完善自我，美化自我，将有助于提高教师的生活品质；学习交际艺术，掌握交际技巧，形成交际智慧，将有助于提升教师专业发展的品质。本书正是一部关于教师礼仪的实用教材，内容包括教师礼仪概述、教师仪容礼仪、教师仪表礼仪、教师仪态礼仪、教师言谈礼仪、教师教学礼仪、校园场景礼仪、校园活动礼仪、校园日常交往礼仪、求职礼仪等，适合师范类学生和广大教师参考学习。

🖥 在线学习资源

《中国教育报》网站 http://www.jyb.cn/

第六章

社会生活中的
教师礼仪

本章概述

　　作为有文化、有修养、有儒雅气质的文明人，教师在工作场所之外的其他场合也应该自觉遵循社会礼仪。本章选择教师工作场所之外的两个社会场合即公共场合与家庭场合，来阐明教师所应遵循的社交礼仪。在公共场合中，要自觉遵循一般的社会礼仪；在家庭场合中，教师应避免家庭角色职业化的错位，处理好夫妻关系、亲子关系，回归正常的家庭生活。

结构图

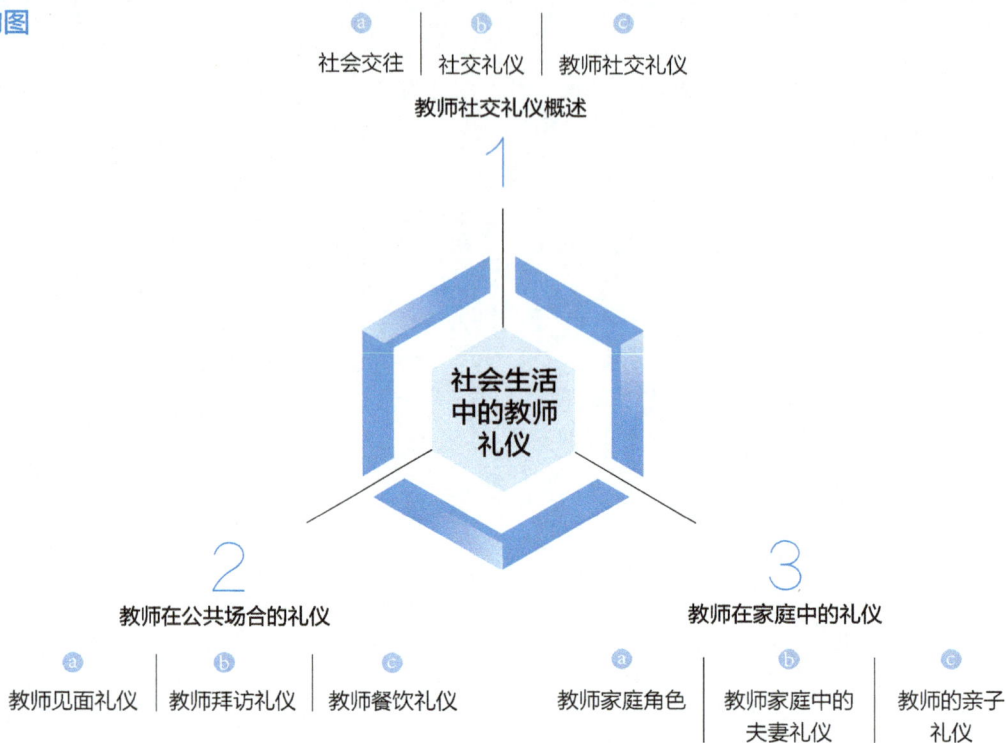

社会交往 | 社交礼仪 | 教师社交礼仪

教师社交礼仪概述

1

社会生活中的教师礼仪

2
教师在公共场合的礼仪

教师见面礼仪 | 教师拜访礼仪 | 教师餐饮礼仪

3
教师在家庭中的礼仪

教师家庭角色 | 教师家庭中的夫妻礼仪 | 教师的亲子礼仪

学习目标

1. 了解一般的社会交往及社交礼仪。
2. 理解教师在社交活动中模范遵循社交礼仪的重要性。
3. 掌握教师在公共场合应该遵循的社交礼仪。
4. 理解教师的家庭角色，以及教师遵循家庭礼仪的意义。

读前反思

　　请结合自己学生时代的经验，回忆一下你所熟悉的教师在参加社会交往活动时的情形，想一想他们在社交场合中的表现与在学校工作时留给你的印象有何异同？

1. 在社交活动中教师为什么要模范地遵循社交礼仪？
2. 教师应如何处理社会角色与家庭角色的关系？

"社会生活是指人们在以生产为前提而形成的各种人际关系的基础上，为了维系生命和不断改善与提高生存质量而进行的一切活动的总和。"[1]本文的社会生活是一个相对概念，是指在教师的职业生活之外的其他社会生活，包括衣食住行、文体娱乐、婚丧礼俗、节日风俗等日常生活。

人类在社会生活中逐步形成了一定的行为规范，礼仪是这些行为规范的一个组成部分。一个人无论从事何种职业，在社交活动中都必须遵循社交礼仪。教师是社会的一员，也必然如此。

第一节
教师社交礼仪概述

学习目标

1. 了解一般的社交原因及社交礼仪的意义。
2. 理解教师社交的必要性及遵循社交礼仪的意义。

人在社会交往中为什么要遵循社交礼仪？社交礼仪的精髓是什么？为什么教师在社交中应比一般人更加模范地遵循社交礼仪？

人类必须过群居生活，如果人脱离了社会生活，就无法正常发展。

据报道，国外某电视台为了提高收视率搞了一个比赛，比赛规定一个人独自待在一个房间里，没有电视、没有电脑、没有书报、没有电话等，即完全与外界隔绝，一日三餐都有人供应餐饮，谁待的时间最长，可以获得10万元奖励。当时有4人报名参加了比赛，结果第一个人待了大概半个月就快发疯了，第二个人待了20多天逃出去了，第三个人待了近40天也出逃了，获胜的第四个人也只待了40余天。也就是说，离群索居不是人的正常生活状态。这也就能够部分地解释为什么小孩子要送到学校过集体生活，大多数老年人退休后心理健康状况会逐渐下降，有些很富有的人还要去找一份工作做。正如亚里士多德所言，人是一种就其本质而言需要群居的动物。

在社会生活中，人们获取生活资料，调节精神状态，面临着生老病死，经历婚丧礼俗，参与各种节日风俗活动，在这些活动中，必然发生社会交往。

1　梁景和. 社会生活：社会文化史研究中的一个重要概念 [J]. 河北学刊，2009（5）：64.

一、人在社会交往中必然要遵循社交礼仪

完善的社交规范是在长期的共同生活和交往中逐步形成的。

（一）人人都要遵循社交礼仪

社交礼仪规范一旦形成，便在长期的社会生活中演化为人人都需遵守的习俗。为什么人人都需遵守？澳洲外交官员露辛达·霍德夫斯研究员在《礼貌的力量》一书中作了深入的论述：从微观说，礼貌能够促进交流，阻止过早地亲密无间，礼貌能在个体需要与团体需求之间找到协调之道，在自律与放松、服从与坚持、隐私与亲密、秩序与自由之间创造平衡，在公共空间保留完整的私密感；从中观说，礼貌比法律重要，礼貌能让人平等相处，礼貌成就伟大，礼貌显露人性之美，让生命绽放美丽；从宏观说，礼貌有助于国家长治久安，礼貌促进社会和谐与进步，礼貌能够拯救地球、复兴民权、建设文明社会。[1]

（二）社交礼仪是文明的重要标志

遵循社交礼仪（礼貌）使人类社会从野蛮走向文明。这表现在三个方面。

首先，是否遵循社交礼仪，是人与动物的重要区别。《礼记》中说，"夫唯禽兽无礼，故父子聚麀""今人而无礼，不亦禽兽之心乎？"这是说人从动物进化而来，"礼"使人消除动物的野性，否则就只能是身体进化到人的样子，心还停留在动物的阶段。

其次，遵循社交礼仪使我们的生活井然有序。《论语》里说："发乎情，止乎礼。"这是说人都有七情六欲，都有喜怒哀乐，情是人的天性，言行举止易受情感支配，因此，必须用"礼"来约束人的"情"，说话做事合于"礼"的理性要求，生活才能有秩序。

最后，遵循社交礼仪，才能做一个有修养的人。卫国的大夫棘子成曾问孔子的学生子贡："君子质而已矣，何以文为？"意思是说，一个人只要品质好就行了，何必还学那些礼仪形式呢？子贡回答说："惜乎夫子之说君子也！驷不及舌。文犹质也，质犹文也，虎豹之鞟犹犬羊之鞟。"子贡的意思是：文和质同样很重要。虎豹之所以不同于犬羊，不仅因为它们本质上是不同的兽类，还因为它们皮毛的花纹不同。如果把虎豹、犬羊身上的皮毛都拔去了，你还能分辨得出哪些是虎豹哪些是犬羊吗？同样，判断一个人是谦谦君子还是粗鄙之人，不仅要看他们是否内心有德行，也要看他们是否懂得礼仪。正如孔子所言："质胜文则野，文胜质则史。文质彬彬，然后君子。"即，我们与人交往时，既要有善良质朴的品质，又要遵循社交礼仪。品质再好但不讲礼仪就显得粗野，过于追求形式上的礼仪又显得虚浮。

1　[德]露辛达·霍德夫斯. 礼貌的力量（第一版）[M]. 王贤平，译. 北京：中信出版社，2010：1～201.

二、社交礼仪的精髓是"尊重对方"

公元前537年（鲁昭公五年），鲁昭公去晋国朝拜晋平公。从郊劳（晋国在郊外举行的欢迎仪式）直至馈赠等所有的外交仪式，鲁昭公都做得非常到位。晋平公不禁对鲁昭公刮目相看，连连称赞鲁昭公真是懂礼之人。不料，一位叫女叔齐的晋国大夫却不认可晋平公的说法。他说，鲁昭公擅长的只是仪式，而不是周礼，"是仪也，不可谓礼。"女叔齐解释说："礼所以守其国，行其政令，无所失其民者也。今政令在家，不能取也……言善于礼，不亦远乎？"[1]

在女叔齐看来，鲁昭公应该行使政策法规，维护国家秩序，凝聚老百姓，可是，他没有做到这些，国内政治如此混乱，他却把精力放在学习琐碎的礼仪形式上，这不能算是真正懂礼。

从这个案例可以看出，我们的祖先在很早以前就把礼仪分为形式与内容两个方面。作为国君，鲁昭公当然要掌握内政与外交各个环节的礼节要领，但仅仅这些是不够的，更重要的是他要用礼来维护好一国的安定团结。作为普通人，我们当然要熟悉各种交往礼仪的操作要领，但我们更应该懂得社交礼仪的内在本质。

（一）社交礼仪的精髓是"尊重对方"

孔子曾说："礼云礼云，玉帛云乎哉？"他的意思是玉帛只是用来表达敬意的礼物，不是礼本身。那么礼的本质是什么呢？《孝经》中说："礼者，敬而已矣。"《礼记》中说："夫礼者，自卑而尊人。"《孟子》说："君子以仁存心，以礼存心。仁者爱人，有礼者敬人。"

从这些经典阐释中我们理解到的是：礼的核心精神是"敬"，是对存在对象的尊重与敬意，也即尊重对方，这就是社交礼仪的精髓。原始宗教礼仪是表达对神的敬意，现代社交礼仪传递的是对人的关爱与尊重。做一个有礼的人，就是要懂得尊重别人，就是要把自己的位置低调放置，把对方放在受尊重的位置上。

1925年，清华大学成立国学院，希望聘请王国维先生做导师，学校就给王先生写了一封公函，说明课程安排及薪水报酬等情况。当时，吴宓是国学院筹备处主任，他认为用公函的方式跟聘请普通员工的手续是一样的，王国维先生是大家，这样做礼数不够，但是，公函已经发出，怎么办？吴宓就请校长曹云祥写了一封亲笔信，说明前面的公函只是打个招呼，现在将派人前往专程拜访。2月13日，吴宓带着这封信，来到北京城内织染局10号，恭谒王

1 鲁昭公：知"仪"不知"礼"[Z]. http://news.ifeng.com/gundong/detail_2013_08/15/28657615_0.shtml.

国维先生，请其出山。吴宓走进王宅，王国维见他金丝眼镜、西装革履的西式穿戴，心里并不高兴，但是没有说出来。这时，吴宓走到王国维身前，先恭恭敬敬地鞠了三大躬，然后双手递上校长的亲笔函，接着恳切地说明来意。王国维先生半年前刚辞去北大的职务，他本无意应聘清华，但吴宓表现出来的诚意让他大受感动，他决定接受聘请。后来，王国维先生回忆到这件事的时候，说吴宓"执礼甚恭"。[1]

写信、送信、鞠躬、递信等都是基本的社交方式，如果简单地将之当作程序完成，也是符合礼仪要求的；如果带着诚意去做，就能打动人。校长亲自写信，吴先生登门拜访，鞠躬时恭恭敬敬，而且连鞠三个躬，递信用双手，表达时言辞恳切，这些都体现了吴宓发自内心地对王国维先生的尊重，所以，王先生一下子被感动了。

尊重他人是礼的核心精神，尊重可以产生信任，可以让不是朋友的变成朋友，可以让原本不可能办成的事变为可能。相反，不尊重他人，可能什么事都办不好，甚至连简单的事情也办不成。古代有一个笑话，说某人赶路迷失了方向，向路旁一老者问路。他开口直呼："老头儿，到某地怎么走？还有多少里？"老者见这厮无礼，心有不悦，顺口答道："往西走，里程大约七八千丈。"那人不解地问："老头儿，你们这里真奇怪，路程讲'丈'而不讲'里'？"老人回答："我们这地方一向讲礼（里），因为来了一个不讲礼（里）的人，也就不再讲礼（里）了。"

老者以自己的机智，用谐音的修辞嘲讽了问路者的无礼。

（二）"尊重对方"的根本是诚于心

尊重他人应该是发自内心的诚意，"诚于中而形于外"，"诚于中"是内在思想，"形于外"是外在行为，内在决定外在，只有内外一致时，尊重他人才能表现出诚意，请看下面的两个故事。

第一个故事是说：一个寒冷的冬天，在路旁水泥台阶上，一个头发蓬乱、衣服肮脏的流浪汉，就着一小瓶散装白酒津津有味地吃着盒饭。他似乎忘记了周围的一切，完全沉浸在自己的小世界里。一位行人路过他身边，感到心里很难受，就掏出十元钱给他。他很吃惊地看了看施舍者，仿佛从梦中惊醒过来一般。他停止了吃饭，放下酒瓶，怔怔地盯着那十元钱……[2]

另一个故事是：某纽约商人在大街上看到一个衣衫褴褛的铅笔推销员，出于怜悯，他塞给那人一元钱便走开了。不一会儿，他返回来，从卖笔人那儿取出几支铅笔，并抱歉地解释

1　短暂而辉煌的国学研究院[Z]. http://edu.qq.com/a/20110328/000261.htm.
2　流浪汉与施舍[Z]. http://www.doc88.com/p-794227893026.html.

自己忘记取笔了。临别时他特别强调："你跟我都是商人，你有东西要卖。"半年后，他俩再次相遇。这时那卖笔人已成了业绩不俗的文具推销商。他感谢纽约商人："你重新给了我自尊。告诉了我——我是一个人！"[1]

行人出于同情，施舍了十元钱。这种同情心值得肯定，但行人肯定不知道这个流浪汉的内心快乐，不知道自己的施舍行为给这个流浪汉带来了什么，更没有深入思考施舍与尊重他人的关系。纽约商人不是简单的施舍，出于尊重，他从卖笔人那儿取走了几支铅笔，并将之定位为同他一样的商人，就是这种发自内心的真诚激发了铅笔推销商奋发图强的自尊心和进取心。

（三）"尊重对方"的核心是平等相待

尊重他人的核心是平等，不论对方职位高与低、经济上贫穷与富有，都要平等相待，这是对他人人格的承认与尊敬，是每个人应该获得的一种权利。

大文豪萧伯纳就曾经在这方面"吃过亏"。他出访苏联时，和一个聪明活泼的小姑娘玩了很长时间。分手时，他对小姑娘说："回家告诉你妈妈，今天和你一起玩的是世界著名的萧伯纳。"小姑娘看了他一眼，学着大人的口气说："回去告诉你妈妈，今天和你玩的是苏联美丽的小姑娘卡秋莎。"

这番童言使萧翁大吃一惊，后来他把这件事作为教训，铭记在心，并发誓要尊重他人，要平等待人。[2]

三、教师要模范地遵循社交礼仪

有的中小学老师说，我们整天忙，哪有时间去社交？再说，我们做好教学工作就行了，也不需要社交啊。

其实不然，人与人交往是社会的本质，教师是社会一员，当然要参与社交。同时，教师参与社交，既是社会需要，也是个人需要。

（一）身正为范

教师参与社会交往活动，就必须遵守各种社交礼仪规范。与一般人不同的是，教师不仅

---

1 范一直. 尊重他人即伦理 [J]. 民主与科学，2010（10）：66.
2 名人关于尊重他人的故事[Z]. http://www.jxgzsz.com/jweb/ReadNews.asp?NewsID=1692.

要遵守，而且要模范地遵守这些规范。为什么呢？这里至少有两个理由。

第一，教者必以正。

一位年轻男教师在拥挤的公交车门前跟着大家一块儿往车上挤，此时，有人认出了这位教师，大声嚷道："你还是老师呢，挤什么！"

学高为师，身正为范。"教师"这个职业，在大众心目中的地位是神圣的，既然是教师，在各个方面都不能做任何出格的事情。孟子说，"教者必以正"（《孟子·离娄》），"正己而物正"（《孟子·尽心》）。孔子说，"不能正其身，如正人何？"，"其身正，不令而行；其身不正，虽令不从"。（《论语·子路》）的确如此，作为教师，只有自己品行端正，才能使人敬服你，并向你学习。

唐代杰出的文学家、思想家韩愈还要求教师不仅自身要正，教师家人、亲友等都要正。他说："左右前后皆正人也，欲其身之不正，乌可得邪？"（《爱直赠李君房别》）

第二，教师引领社会文明。

荀子说："礼者，所以正身也，师者，所以正礼也。无礼何以正身，无师吾安知礼之为是也。"[1]意思是，礼仪是规范人的行为的，教师是修正礼仪的人，没有礼仪怎么能修正人的行为，没有教师又怎么知道这礼仪是不是正确的呢？

在荀子看来，教师不仅是礼仪的遵循者，还是礼仪的修正者，修正礼仪中过时的、不合理的成分，使礼仪与时俱进、日臻完善。这是古人的要求，现行的《中小学教师职业道德规范（2008年修订）》同样要求教师做到"为人师表。坚守高尚情操，知荣明耻，严于律己，以身作则。衣着得体，语言规范，举止文明"。

总之，教师担当着"为人正礼"的责任，肩负着引领社会文明的使命，因此，教师一定要模范地遵守社交礼仪规范，使自身成为礼仪的化身、文明的使者。

（二）自尊而尊人

教师带头遵循社交礼仪，除了和其他社会成员一样遵守礼仪规范，尊重他人外，还应该在以下几个方面做出表率。

第一，在任何时候都讲究穿着。

夏天的一个中午，天气十分炎热，有两桌客人挤在一个餐厅吃午饭。客人中有教师、医生、经理和一些民工，突然停电了，风扇不再转动，大家吃得满身是汗。这时，大多数男人

1　孙晓春. 百子全书·荀子 [M]. 沈阳：辽宁民族出版社，1998：16.

脱掉上衣，赤膊上阵。其中，有位男教师在场，他很犹豫，不脱吧，显得不随大流；脱吧，又觉得不雅。权衡再三，终未脱下。

按说，此情此景，这位教师脱下上衣更容易与大家打成一片，更有利于交流。但是，他不顾炎热，依然正襟危坐，就像烈日下参加军训的新兵、高温中马路上的交警，时刻都穿戴整齐。其实，他们穿在身上的不仅是外衣，更是一种形象。

第二，说话客气，尊重每一个人。

有一位50多岁的妇女，文化程度仅小学二年级，长年在北京一高等级医院里当陪护，曾陪护钱钟书5年。她回忆："有学问的人，待人真是好好啊！真的真的！他心肠好，脾气也好，从不在我面前说半句重话。你想想，像干我这个的，有啥地位呀，可他跟我说话时，极客气，十分尊重人，生怕刺伤你。即使疼得要命，他也忍着，生怕影响到我休息。不像有些人，有一点疼就不得了，能把好几个人支使得团团转……"[1]

钱钟书先生是著名作家，文学研究家，也在多所学校任过教，但他对普通人讲话，十分和蔼得体，正如"陪护"所言"待人真是好好啊"。如此尊重地位身份比自己低、金钱财富比自己少、知识才能不如自己的人，才更能体现文明素质与礼仪修养。

第三，善为弱者"牺牲"。

国庆节放假，王老师与妻子很幸运地订到了回老家的车票，上车后发现有位女士正坐在他们的一个座位上，王老师示意妻子先坐在她旁边的座位上，而自己却没有请那位女士让座。妻子仔细一看，发现那位女士的右脚有残疾，这才明白丈夫为何不请她让出座位。王老师就这样从起点一直站到终点，从头到尾都没有让那位女士让座，也没有告诉她这个座位是自己的。下车之后，心疼丈夫的妻子说："让座是善行，但从头到尾这么久，你中途可以请她把座位还给你，换着坐一下嘛。"王老师说："人家不方便一辈子，我们就不方便三个小时而已。"妻子听了相当感动，觉得世界都变得温柔了许多。[2]

美国作家、哲学家爱默生说："良好的礼貌，是由小小牺牲造就的。"[3]三个小时也不算短，一直站着不容易，王老师完全有理由请她让座，或是轮流坐。但是王老师没有这样做，他觉得人家脚有残疾，平常的生活中肯定有诸多不便，甚至充满艰辛。今天只有让她安心坐

1 范一直. 尊重他人即伦理［M］. 民主与科学，2010（10）：68.

2 善良的力度[Z]. http://tieba.baidu.com/p/1084442757.

3 ［澳］露辛达·霍德夫斯. 礼貌的力量（第一版）［M］. 王贤平，译. 北京：中信出版社，2010：1.

车回家，自己才能得到一些安慰。王老师做出了"牺牲"——耐心、自制、体贴、先人后己，是真正的有"礼"之士。

第四，独处时不做任何坏事情。

一位书商单独与某中学刘老师商谈使用教辅的事情，这位书商曾经是刘老师的学生，他告诉刘老师，只要使用了该版本的教辅，就会得到较高比率的报酬，并说这件事不会有其他人知道。刘老师断然拒绝了此事。

刘老师每个学期都要使用一定量的教辅资料，又与这位书商是师生关系，按说如书商所说的那样做也算人之常情，但刘老师坚持了自己做人的原则。这一点正如刘少奇同志在《论共产党员的修养》一文中指出的"即使在他个人独立工作、无人监督、有做各种坏事的可能的时候，他能够'慎独'，不做任何坏事"。

（三）心存善念

教师也是普通人群中的一员，如何能做到这些，如何能做得比其他人更好一些呢？除了每一位教师要自觉"克己"，且从点滴做起，使之成为习惯外，还有一点就是每位教师都必须心存善念，常常能够设身处地为他人着想。

五四青年节，有一对新婚的年轻老师坐大巴去旅游。当旅游大巴开到山区的一个拐弯处时，这对新婚老师被窗外的美景所吸引，便招呼司机停车。他们下车后，巴士继续前行。就在这对年轻的新婚老师驻足欣赏山景时，只听前方轰隆一声巨响，那辆巴士被山体滑坡滚落下来的巨石砸中，落入万丈深谷，这对年轻的夫妇惊呆了。事后得知，车上乘客无一生还。惊魂稍定之后，这两位教师不无感慨地说："要是刚才我们不下车就好了。"

很多人不理解两位教师的说法。是的，按常理一般人都会说，幸好我们不在车上！但这两位教师想的是：假如我们中途不下车，那辆大巴就能赶在山石滑落之前驶过，车上的人也许就不会遭遇这场劫难。

美籍华人靳羽西说："任何礼仪的出发点都是为他人着想。"这句话告诉我们，要做一个有礼的人，就要懂得如何为别人着想。

第二节
教师在公共场合的礼仪

1. 了解教师在公共场合应遵循的社交礼仪的基本原则。
2. 掌握教师在典型公共场合中应遵循的社交礼仪。

公共场合一般指哪些场合？教师在公共场合遵循社交礼仪有哪些基本的指导原则？教师在见面、拜会、餐饮等典型公共场合中应掌握哪些基本的礼仪要领？

公共场合指与私密性场合相对应的公有的、公用的地方，其特点是具有公开性、无隐私性、非个人性，如公园、商店、超市、酒店、体育馆、图书馆、博物馆、医院候诊室、公共交通候车室、文化娱乐场所等。教师在公共场合中的礼仪，指教师在工作岗位之外的社交活动场所应该遵循的社交礼仪。

公共场合社交礼仪是难以穷尽的。《礼记·玉藻》中提出了"九容"，即"足容重、手容恭、目容端、口容止、声容静、头容直、气容肃、立容德、色容庄"。澳洲外交官员露辛达·霍德夫斯研究员提出了以下8条基本的社交原则[1]：

（1）靠左走路（或是靠右边走，视辖区规定而定）；

（2）严守承诺，尤其是关于时间的承诺；

（3）排队；

（4）照顾弱者；

（5）遵守法律法规；

（6）专注于你正在做的事情，一心多用是礼仪的大忌；

（7）对别人的善意举动表示感激；

（8）多数时候，闭上嘴巴。

这些是具有普遍意义的社交礼仪基本原则。

一般来说，在公共场合我们至少要从穿着和言行两个方面约束自己。穿着要干净整洁，符合职业要求、与场合协调一致等。当然，讲究穿戴，不是说要穿名牌，《弟子规》中说："衣贵洁，不贵华。"说话要自谦敬人。无论是称呼对方或是与人交谈，与对方有关的内容，多采用敬语，而对己则多用谦辞。行为举止要端正大方，得体自如，如坐的时候上身要端庄，两腿要并拢，站的时候要站直，两手放在两旁等。

无论穿着与言行的具体要求如何变化，其精髓仍然是以"敬"（"尊重对方"）为前提。《论语·乡党篇》记录了孔子在不同场合中言行举止、衣食住行的变化。如孔子对不同的人

1　[澳]露辛达·霍德夫斯. 礼貌的力量（第一版）[M]. 王贤平，译. 北京：中信出版社，2010：44.

说不同的话，"孔子于乡党，恂恂如也，似不能言者。其在宗庙朝廷，便便言，唯谨尔。朝，与下大夫言，侃侃如也；与上大夫言，訚訚如也"。意思是：孔子在故乡同百姓说话，态度非常恭顺，说话简洁明了；在宗庙、朝廷上，便流畅明白地说出自己的意见；上朝时同下大夫说话，温和而快乐，同上大夫说话，正直而恭敬。孔子在不同的场合穿不同的衣服，如"红紫不以为亵服"，"当暑，袗絺绤，必表而出之"，"羔裘玄冠不以吊"，"吉月，必朝服而朝"，等，意思是：孔子平常在家不穿紫色和红色的衣服，夏天穿单衣和衬衣一定穿得很整齐，不穿紫羔皮衣、不戴黑色礼帽去吊丧，上朝一定要穿朝服。孔子从生活细节中的点点滴滴约束自己的穿着和言行，充分体现了他克己守礼、尊重对方的君子形象。

教师公共场合社交礼仪与其他人公共场合社交礼仪是共通的，其他人需要遵守的，教师同样需要遵守。不同的是教师要比其他人更加严格认真地遵守公共场合礼仪规范，否则，大家会议论：还是老师呢，怎么教育学生？这就是说相对而言，社会对教师在公共场合活动的关注度更高，教师不仅要规范自己的言行，还要给其他人做示范、树榜样。

由于公共场合不胜枚举，这里只介绍教师见面礼仪、拜访礼仪和用餐礼仪[1]，其他公共场合礼仪要领亦可模拟得之。

一、教师见面礼仪

学前思考

假如你在毕业前夕去参加面试，与面试官告辞时，面试官送你到电梯口。电梯马上就到了，你觉得应该客套几句再握手告别才对，但对方毫无表示，对方是男士又是上级，自己是女士又是下级，你怎么办？[2]

心理学研究表明：在人际交往中，初次见面给人留下的印象很重要，称为首因效应；最后一次见面留下的印象对人的认知有强烈影响，称为近因效应。二者是一个问题的两个方面，就是说在人际交往和认识的过程中，第一印象很重要，最后的或最近的印象也很重要。

鉴于此，教师应珍视自我形象，遵循见面礼仪，其基本内容包括称呼、问候、介绍、握手等。

---

1 金正昆. 教师礼仪规范［M］. 北京：中国人民大学出版社，2010：156～179.
2 面试礼仪——电梯间握手［Z］. http://www.liuxue86.com/topic/1617786.

（一）称呼

称呼，是指当面打招呼用的表示彼此关系的名称。我们与人打交道，遇到的第一个问题就是如何称呼对方。恰如其分的称呼，体现着自身的修养和对对方尊重的程度，教师应该了解称呼的使用方法，以免称谓失当。

> **称呼**
>
> 称呼是指当面打招呼用的表示彼此关系的名称。

1. 称呼的使用

初次交往、因公交往和对外交往，应该使用正规称呼，以体现对被称呼者的谦恭与敬意。一是以"您"相称；二是以"同志"相称；三是以"同学"相称；四是以"先生""女士"或"夫人"相称；五是以学衔、军衔或警衔相称；六是以职务、职称或职业相称。

在非正式场合，在亲戚朋友之间，可以使用非正规称呼，以表达对被称呼者的亲近与随和。一是以"你"相称；二是以姓名相称；三是以"老"或者"小"加上姓氏相称；四是以名字或者小名相称；五是以辈分相称。

2. 称呼应注意的问题

在称呼别人时，应当注意如下问题。

（1）不能不称呼。比如这样问路："哎，怎么走?"

（2）称呼要得当。不应滥用"师傅""老板"之类的行业性称呼，如称呼图书馆工作人员为"师傅"。

（3）不要受情绪影响。如当心情不佳时，称呼别人流露出不满甚至冷漠的情绪。

（4）注意人际关系。双方的关系近，称呼时可以随意一些，双方越是不熟悉越要慎重。

（5）注意场合。同样一种关系的人，在正式场合或是外人面前，需要采用正规称呼；在非正式场合，或是在自己人面前，则往往可以采用各种非正规称呼。

（二）问候

问候，多指熟人见面时向对方打招呼，互相询问安好，表示关切或者致以敬意，否则就是一种目中无人的表现。在问候他人时，教师应当注意下列三个方面的问题。

1. 选择恰当的问候语

问好语。见面时直接问候对方"您好""早上好""下午好"或者"大家好"。这类问候语多用于正式场合，它言简意赅、直截了当，既不失礼貌，又可避免东拉西扯，适用范围广。

> **问候**
>
> 问候多指熟人见面时向对方打招呼，互相询问安好，表示关切或者致以敬意。

寒暄语。"寒暄"的意思是问寒问暖，如"吃了没有""上哪里去""忙什么呢""最近好吗"等，以表关心之意。此多用于一般场合。

交谈语。即在问候对方之后，找到一个交谈话题，并希望就此交谈下去。此多适用于公务场合。

2. 注意问候的顺序

两个人见面时，双方均应主动问候对方，而不必非要等待对方首先开口不可。不过一般情况下，是"位低者先行"。

一人与多人见面时，问候对方有两种方法：一是由尊而卑，依次问候对方；二是统一问候对方，如"各位好""大家好"等，不必具体到每个人。

3. 端正问候的态度

教师在问候他人时，一定要热情而友好，切勿敷衍了事。具体应该做到：起身站立、面含微笑、注视对方（即话到、眼到、心到），不可左顾右盼、心不在焉。

（三）介绍

介绍，就是用说明性的语句使不认识的双方互相认识，从而建立人际关系。介绍通常被分为三种基本类型：介绍自己、介绍他人和介绍集体。

1. 介绍自己

介绍自己亦称自我介绍。介绍自己时，应该选择干扰较少的时机、对方有兴趣的时机、初次见面的时机，这样容易引起对方的重视。介绍时一般应该简明扼要，介绍自己的姓名、学校、任教的课程以及所担负的具体职务等，或根据对方的提问来回答。自我介绍之时，教师应该诚实、谦虚，不能夸大其词，当然也不必过度贬低或否定自己。

2. 介绍他人

介绍他人即替他人作介绍。在一般情况下，介绍者应由下列身份者担任：与被介绍双方相识者、社交聚会中的主人、专职的接待人员、在场之人中的地位最高者、应被介绍人一方或双方要求者。介绍者应该先了解双方情况，然后按一定的顺序来介绍。一般讲究"尊者居后"。它的具体含义是：介绍双方时，应当先介绍位低者，后介绍位高者，这样使位高者首先了解位低者的情况。具体而言，介绍长辈与晚辈时，应当先介绍晚辈，后介绍长辈；介绍老师与学生时，应当先介绍学生，后介绍老师；介绍女士与男士时，应当先介绍男士，后介绍女士；介绍已婚者与未婚者时，应当先介绍未婚者，后介绍已婚者；介绍职务高者与职务低者时，应当先介绍职务低者，后介绍职务高者；介绍客人与主人时，应当先介绍主人，后介绍客人。

3. 介绍集体

介绍集体，即由介绍者为两个集体之间，或者为个人与集体之间所做的介绍。

为集体与集体进行介绍时，讲究"双向介绍"，即对于彼此双方的情况都要进行介绍。为个人与集体进行介绍时，讲究的则往往是"单向介绍"，即只需介绍个人的情况，而不必介绍集体的情况。

在一般情况下，介绍集体同样应当遵守"尊者居后"的规则。例如，替两个团体进行介绍时，通常应当首先介绍东道主一方，随后方可介绍来访者一方。至于介绍的具体内容，则视情境而定。一般只介绍集体的整体情况，如果需要介绍各方的个人情况时，则应当由尊而卑，依次进行。

（四）握手

握手，是见面或分手时的礼节，指彼此伸手相互握住。对中国人来说，握手是我们使用最为普遍的礼节。一般来说，握手应遵循"尊者在前"的顺序，即双方握手时，应由地位较高者首先伸出手来。当客人与主人握手时，情况则较为特殊。客人抵达时，应由主人率先伸手；而当客人告辞时，则应由客人率先伸手。前者是主人为了体现自己对客人的欢迎之意，后者则是客人为了请主人就此留步。如果一个人需要与数人一一握手时，合乎礼仪的顺序有二：一是由尊而卑依次进行，二是由近而远依次进行。

握手的目的是为了表达对对方的友善与敬意，如何做到彬彬有礼，有一定的讲究，除了要起身站立、使用右手、面含微笑外，还应做到如下几点。

手位正确。握手的双方应相互握住对方右手除拇指之外的其他四个手指，仅仅握住对方指尖或握住对方的整个手掌，都是失当的。

时间适中。教师与别人握手的具体时间，既不宜过短，也不宜过长。握手的时间太短，好似敷衍对方；握手的时间过长，则会显得热情过度。在正常情况下，与他人握手的时间以3秒钟左右为宜。

力量适度。握手时所用的力量，以2公斤左右为好。用力过轻，会令人感到缺乏热忱；用力过重，则会给人以挑衅之嫌。

另外，还应该注意的是握手时不宜戴着手套、不宜戴着墨镜、不宜以手插兜、不宜掌心向下、不宜使用双手、不宜推拉抖动、不宜跨着门槛、不宜争先恐后等。

二、教师拜访礼仪

💬 **学前思考**

在他乡，一个周末的上午，李老师去超市购物时，遇到了在当地公安局上班的老乡，老乡随即邀请李老师有空时去他家里玩。晚上七点多钟，李老师饭后散步，不知不觉走到了老乡居住的小区，就索性去敲门。门一开，李老师发现老乡夫妇二人穿戴整齐，似乎要出门的样子，但他们仍很热情地邀请他进屋里坐。此时，李老师觉得进退为难，你觉得他该怎么办？

拜访是一种常用的社会交往方式，指拜访者因公、因私前往他人的工作地点、私人居所或者其他商定的地点会晤、探望对方，或是与之进行工作方面的接触。在拜访中，访问、做客的一方为客，称为来宾；做东、待客的一方为主，称作主人。无论客与主都应遵循相应的礼仪。一般来说，客人要讲究客随主便，主人则要讲究主随客便。

> **拜访**
>
> 拜访是一种常用的社会交往方式，指拜访者因公、因私前往他人的工作地点、私人居所或者其他商定的地点会晤、探望对方，或是与之进行工作方面的接触。

（一）做客之礼

做客，通常是指上门拜访他人。就教师做客礼仪而言，其核心之处则在于客随主便，尊敬主人，具体应做到以下几个方面。

1. 有约在先

在两相情愿、双方方便为基本前提下，约定好拜访的时间、地点以及人数。

2. 穿戴整洁

干净、整洁的穿戴是对主人的尊重，衣服上的纽扣、拉锁一定要扣上、拉好，袜子一定要无洞、无味，以备换拖鞋之需。

3. 如约而至

按照宾主双方约定的时间，准时到达，既不要早到，让对方措手不及；也不要迟到，令对方望眼欲穿。万一有特殊原因，需要推迟或者取消拜访，应当尽快以适当的方式通知对方，下次与对方见面时，还应当面致歉。

4. 轻轻叩门

到达时，以食指轻轻叩门两三下即可，按门铃的话，则让铃响两三声即可。若室内没有反应，过一会儿再做一次。不可推门而入，不可大呼小叫，否则有失教养。

5. 问候施礼

登门拜访时，拜访者应当主动向主人进行问候，当主人伸手与客人握手时，客人应热情回应。在拜访中，如遇到主人的同事或者家人时，不论此前是否认识对方，均应主动同对方打招呼、问好，而不能旁若无人、不搭理对方。

6. 应邀就座

主人会邀请来客在其指定之处就座，届时恭敬不如从命。若与他人同至时应相互进行谦让，最好与其他人、主人一同落座。有时落座于其后亦可，但不宜抢先就座。

7. 愉快交谈

拜访一般都有目的性，宾主双方应直奔主题，接触实质性的问题，并力争达成共识，令双方彼此之间均有所获。不宜随意变更主题，言不及义。

8. 适时告退

拜访时间一定要适可而止。如果预先约定时间，客人务必谨记在心，认真遵守。假如双方无此约定，通常一次一般性的拜访应以控制在一小时以内为限；初次拜访，则不宜长于半个小时。出门以后，拜访者应与主人握手作别，以示请对方就此留步，并同时对其给予自己的款待表示感谢。

再者，进入他人室内做客时，拜访者应将身上的一些物品或者随身携带的一些物品去除、放下，以表敬意，如帽子、手套、墨镜、外套、手袋等。

另外，前往亲朋好友的私人居所做客时，如有必要，可为对方预备一些适当的小礼物，诸如鲜花、水果、书籍、光碟等。

（二）待客之礼

待客，一般指的是主人对拜访者所进行的接待活动。待客的基本原则是主随客便、待客以礼。待客之道的精髓是真诚、热情。具体来说，待客的指导思想应当落实在以下两个方面。

1. 细心安排

与来访者约定拜访事宜之后，主人即应着手从事必要的准备工作，以便令客人到访时受到周到的款待，并产生宾至如归之感。

（1）搞好环境卫生，创造出良好的待客环境，并借以完善个人的整体形象，同时体现出对来客的重视。

（2）备好待客用品，如饮料、糖果、水果、点心、香烟以及报刊、图书等。

（3）安排膳食住宿。正式的拜访，宾主双方应议定是否应当由主方安排来宾的膳食住宿；一般性的拜访，主人一般应预先为对方准备好膳食，但通常是"备膳不留宿"。

（4）准备交通工具。接待本地客人时，若对方往返时乘坐自己的交通工具或公共交通工具，应事先告知其正确的交通线路；接待远道而来的客人时，一般应由主方主动协助对方解决交通问题。

2. 用心接待

在客人来访时，主人要热烈欢迎，并且待之以礼。

（1）迎候。一般而言，迎候远道来访的客人，可恭候于其抵达本地的"第一站"，即本地的机场、港口、车站，或是其下榻之处；迎送本地的客人，宜恭候于大门口、楼下、办公室或居所的门外，以及双方事先所约定之处；对于常来常往的客人，一旦得知对方抵达，应立即起身，相迎于室外。迎候时，主人或者其代表应提前一刻钟左右到达既定位置。

（2）致意。一般情况下，握手、问候与表示欢迎，被视为必不可少的"迎宾三部曲"，且教师均应面含微笑，满腔热情。

（3）让座。客人到来之后，主人应尽快为客人安排"上座"，我们通常认为的"上座"

是"面门为上""以右为上""以远为上""居中为上""高座为上""舒适为上"。

（4）献茶。客人入座后，应该热情地为客人泡茶、献茶，若客人较多时，应注意按照惯例由尊而卑地"依次而行"。

（5）交谈。与客人交谈，教师要热情饱满，客人讲话时洗耳恭听，并且表现出极大的兴趣。有时，还可主动向客人讨教，以引发对方的话题，令客人谈兴骤增。

（6）送别。客人告辞时，主人应真诚挽留，倘若客人执意要走，主人方可起身送行。对远道而来者，可以送到机场、港口、车站或其下榻之处；对本地的客人，则应送至大门口、楼下，或是其所乘车辆离去之处。至少，也要将客人送至室外或电梯门口，不然就算是对客人失礼。与平时难以谋面的客人道别时，还应请其"多多保重"，并请其代向家人或同事致以问候。当客人正式离去时，主人应主动向其挥手致意。只有当对方离开之后，主人方可离开，正如《弟子规》中说"过犹待，百步余"。

三、教师餐饮礼仪

💬 **学前思考**

在一个老乡宴会上，叶老师正在为喝酒发愁：老乡们都已经向他敬酒，按理他应该一一回敬，不回敬，则失礼；敬吧，自己已不胜酒力。他该怎么办？

在日常交往中，人们经常会以宴会的形式款待客人，教师也经常会有机会应邀赴宴，如洗尘宴会、庆贺宴会、生日宴会、饯行宴会等。出席宴会，对于任何人来讲，都是"非专为饮食，为行礼也"。因此，遵循礼仪，严于律己，才是教师所应取的正确态度。考虑到目前我国教师的实际情况，在此主要介绍餐前的表现和席间的禁忌。

（一）餐前的礼仪

在餐前，教师应努力做到文明礼貌、大方得体。

1. 应邀赴宴

一般情况下，正式的宴会，主人会提前10天左右将请柬送到客人手上。教师接到邀请自己赴宴的请柬后，通常不论能否出席，都应当尽快决定下来，并尽量早一些向主人通报。一旦通知主人决定赴宴，此后就不宜再变动。反复更改，或是告之以"定不下来，到时候再说"，都是不礼貌的。

假如真的不能如约赴宴，务必早日告诉主人，并为此诚心诚意地道歉。如果临时不能出席的话，亦须尽快告诉主人。事后，还应当登门向主人亲口道歉。

要注意的是，教师赴宴时的着装不要过于随便，不宜穿戴风格散漫的时装，如T恤配牛仔裤、跨栏背心配西式短裤、宽松式上衣配健美裤等。

2. 按时到达

教师出席宴会应正点到达，这是对主人的尊重，晚到会让人久等，早到会令主人因准备未妥而措手不及、手忙脚乱。到达后，应主动向主人问候致意，并感激对方的邀请。然后到主人指定的地方稍事休息。当主人邀请大家入席时，不可争先恐后，一拥而上。依照宴会礼仪，首先入席的，应当是主人与主宾。在此之后，其他人方可按照由尊而卑的先后顺序井然有序地依次入席。

要注意的是，教师应邀赴宴时，不一定非要给主人带去礼品。如果出席规模盛大、人数众多的宴会，更没有必要这样做。要是参加亲友举办的小型宴会，如家宴、生日宴会，则可以为主人预备上一份既拿得出手，又让主人开心接纳的小礼品。

3. 依次就座

不论西式宴会还是中式宴会，都非常强调座次。我国古代一般讲究"在朝序爵、在野序齿"，"序爵"是按官位大小，"序齿"是按辈分与年龄大小。所以，教师入席的时候，一定要"客随主便"，不要到处乱坐。应先请同桌的女士、长者、职位高者或嘉宾落座。必要的时候，还须主动帮尊者拉出座椅，让其先坐在座位上。拉动座椅时，应同时使用双手，轻挪轻放。

坐下时，椅面不要距离餐桌过近或过远。一般认为，二者之间有20厘米左右的间隔最好。坐姿要端庄而稳重，不要双臂支在餐桌上"研究"饭菜，不要双腿在餐桌下面晃来动去。

另外，在进餐之前，勿动餐桌上的一切器具，也不要猜测或向周围之人打听"今天吃什么"。

（二）席间的禁忌

教师在宴会上的一切举止谈吐，都应当端庄、文雅、得体。要做到这一点，就需要教师在宴会上能够严于律己、"有所不为"。

在古代，《礼记》针对餐饮礼仪提出了"十四毋"："毋抟饭、毋放饭、毋流歠、毋咤食、毋啮骨、毋反鱼肉、毋投与狗骨、毋固获、毋扬饭、饭黍毋以箸、毋嚃羹、毋絮羹、毋刺齿、毋歠醢"。大意是，不要跟大家抢着吃，不要拨弄饭菜，不可有饭菜散落，吃饭、吃菜、喝酒、喝汤等都不可发出较大声响，不可贪多而喷出饭菜，不可把肉骨头扔给狗，不能当众戳牙齿，不要老是夹自己喜欢的菜肴等。

在现代，金正昆先生提出了30条戒律。

（1）戒用餐时响声大作。

（2）戒剔牙时毫不掩饰。

（3）戒随处乱吐废弃物。

（4）戒每次入口物过多。

（5）戒用餐时吃得满脸油汗、嘴角带渣。

（6）戒咳嗽、打喷嚏、吐痰。

（7）戒在就餐之时吸烟。

（8）戒用餐时"宽衣解带"。

（9）戒在餐桌上整理发型、补妆。

（10）戒口含食物与人交谈。

（11）戒替人夹菜。

（12）戒对他人不断劝酒。

（13）戒饮酒时找人划拳。

（14）戒用手取菜肴。

（15）戒站起身取菜。

（16）戒对食物挑三拣四。

（17）戒令餐具铿锵作响。

（18）戒以餐具指点他人。

（19）戒乱用、滥用餐具。

（20）戒长时间将餐具含在嘴里。

（21）戒与人抢菜。

（22）戒端着碗、盘用餐。

（23）戒捡食掉出的食物。

（24）戒边走边吃喝。

（25）戒乱吹、乱搅汤或饮料。

（26）戒双手乱动、乱放。

（27）戒别人致祝酒词时迫不及待地抢吃。

（28）戒在用餐期间不搭理任何人。

（29）戒大谈令人不愉快的内容。

（30）戒非议席上的饭菜。[1]

条款虽多，其实古今一理，在餐桌上要注意细节，文明就餐。

最后，除了上述餐前礼仪之外，教师在赴宴时还要注意一些细节，即在宴会举行的过程中，如无要事不能退席，否则会被当成是向主人表示抗议。需要中途退场，应在离去之前向

1　金正昆. 教师礼仪概论［M］. 北京：北京大学出版社，2007：179～183.

主人进行解释，并为此而道歉。在吃饱之后，不要急于退席，还可喝茶、叙谈，直至兴尽。在退场时，应向主人再表谢意。来不及当面讲，则可在事后电话或写信专门致谢。

以上简单介绍了教师在见面、拜会、餐饮等场合应该掌握的礼仪要领，从这些介绍我们可以看出礼仪的形式真的很多，多得难以穷尽，也难以记忆。其实，就算准确记住并学会了这些形式，还不等于我们真正学到了"礼"。因为礼仪形式的每一步里都贯穿了一个共同的思想内容，即对对方的尊重。这种尊重一定要由内向外引发，即心动了，则发出情；情再动了，则"言和而色夷"了，这才是真正的礼，否则就是没有任何意义的虚礼。

第三节
教师在家庭中的礼仪

学习目标

1. 了解教师家庭角色错位现状。
2. 理解教师从工作角色回归家庭角色对促进夫妻关系、亲子关系的意义。

教师家庭礼仪与一般家庭礼仪有怎样的区别与联系？教师家庭角色职业化的含义是什么？教师家庭角色职业化的原因是什么？教师应如何从家庭角色职业化的束缚中解放出来？教师在家庭里应如何处理夫妻关系、亲子关系？

家庭是构成社会的基本单位，家庭礼仪是社交礼仪的一个重要组成部分，是家庭幸福生活的润滑剂，是个人和社会幸福的源泉。古有"相敬如宾""举案齐眉"的美谈，今有周恩来总理提出的"八互"经验：互敬、互爱、互学、互助、互让、互谅、互慰、互勉。

和其他人一样，教师也有家庭，也要遵循家庭礼仪，如尊老爱幼、男女平等、夫妻和睦、邻里团结等。但是，教师在家庭中的角色又有特别之处，主要在于教师因工作繁忙的原因，往往忽略自己的家庭角色，导致家庭生活失衡，以至于影响正常的家庭生活，甚至影响夫妻关系、亲子关系。因此，明确自己的家庭角色，遵循一般的家庭礼仪，是幸福家庭生活的基础。

一、勿使家庭角色错位

由于教师工作本来就是一种负荷大、需要极大爱心和耐心才能完成的工作；再加上社会和学校片面追求升学率，应付各种考试、考查又加重了教师的负担；此外，教育改革又对教师提出了更高的专业发展要求，因此，教师的心理压力很大，工作很忙，以致夜以继日、焚膏继晷，无暇顾及家庭。

（一）回家依然工作

一位普通教师李运妹是这样自述的：工作以来，几乎没有休息过一个完整的节假日，白天干不完的活，晚上带到家里，把家庭琐事、儿子的成长与学习辅导的任务都交给了丈夫。每天晚上坐在电脑旁查阅资料、备课、批改作业不少于3小时，节假日还要家访、辅导学生等。

李老师从学校回到家里，本来应该和丈夫一起干家务，营造温馨的家庭生活氛围，但她没有时间做家务，没有时间与丈夫、孩子在一起交流，而是继续忙于工作，对她来说，回到家只是换了一个工作场所而已，她的心思和精力仍然投入到了工作中。这种家庭角色错位情况必然会给家庭生活带来不和谐因素。

李老师的这种工作状况并非个案，多少个寒来暑往，教师们都顽强地战斗在教学第一线，甚至没有请过一天病假，许多教师一天工作达十几个小时，"两眼一睁，忙到熄灯"，这成为大部分教师的真实写照。

（二）对待配偶像对待同事

优秀教师张老师非常热爱教育工作，不仅在学校时忘我工作，回家也不忘工作。和丈夫在一起的时候，她也常常谈起工作情况，如学生的学习情况、思想情况，学生学习生活的苦与乐，甚至还会提出一些关于学生工作的问题，让她的丈夫帮忙分析。一开始，她的丈夫也表现出了参与的兴趣，时间久了，有时就会流露出一些不满的情绪。但张老师还是一如既往地谈工作，因此，不时会带来一些夫妻间的小摩擦。

张老师过高的工作热情导致了她把自己的配偶当成了同事。配偶是生活中的伴侣，同事是工作中的搭档。与同事在一起谈论工作上的事情，这是正常的；与配偶在一起时过多谈论工作，则必然会忽略家庭经营，淡化夫妻情感，给家庭生活带来不健康的影响。

（三）对待子女像对待学生

吕老师的女儿小敏读小学四年级，每天放学回家，除了做完老师布置的作业外，吕老师还要给她增加学习任务，或是写作文，或是做奥数，或是读英语……虽然小敏爱学习，成绩很优秀，经常得到老师的表扬，但她仍很羡慕别人家的孩子有更多的娱乐时间，因此常感叹：当老师家的小孩真是辛苦！

吕老师严格要求孩子，这是正确的，也是每个家长的正常想法。但是一味增加孩子的学习任务，这是吕老师家庭角色错位、错把孩子当学生的一种表现。吕老师在学校，每天要面对很多学生，其中不乏优秀的学生；回到家里，仍然以教师身份自居，往往会不自觉地以班上最出色的学生跟自己的孩子做比较，希望自己的孩子跟他们一样，甚至比他们更优秀。于是，就把孩子限制在作业桌前，做那永远也做不完的作业，剥夺了孩子快乐成长的童年时光。

凡此事例举不胜举，一方是学校，一方是家庭；一方是学生，一方是爱人、子女。在"社会楷模""人类灵魂的工程师""蜡烛"等光环的照耀下，教师们选择了学校、学生，而无暇顾及家庭、爱人、子女，这些教师家庭角色错位现象确实会影响教师家庭的幸福生活。

二、教师家庭中的夫妻礼仪

全国优秀教师夏宝海在其报告中说，学生占据了他的全部身心。为了学生，没有陪妻子到商场购过物；为了学生，无暇顾及怀孕的妻子；甚至，父母生病住院，他也没有时间陪侍。他把精力百分之百地用于神圣的讲台，百分之百地奉献给了他的学生。

夏老师如此忙碌，不仅平常没有时间陪伴妻子，妻子怀孕了，他也不能抽出时间来照顾，这必然会影响到夫妻感情，影响家庭生活的幸福。

教师家庭夫妻礼仪与一般家庭夫妻礼仪基本原则是一样的，夫妻之间要互相尊重、互相关心、相互宽容、相互支持、相互勉励。比如结婚后，夫妻之间任何一方穿着上都不能过于随便，更不能邋遢；夫妻之间要多讲几句"请""谢谢""对不起"之类的客气话；上班前、下班后要多一些亲切的嘱咐和问候，多一些甜蜜的微笑；遇事要善于倾听对方的建议，等等。

不同之处是，教师回家后往往放不下手中的工作，继续忙忙碌碌。因此，教师家庭夫妻礼仪要特别注重的是教师能够回归家庭角色，尽一个丈夫或妻子应尽的义务，具体表现在多做家务、遇事多商量、多关心对方等。

（一）以多做家务的行为与配偶相处

一般家庭，很多夫妻经常会为"谁来刷碗""屋子脏了没人打扫"等家务琐事发生争执。确实，家务如山，不可小看。买菜、做饭、洗碗、洗衣服、打扫房间、倒垃圾、购买日常生活用品、陪伴孩子，年轻的夫妇还涉及哄孩子玩、给孩子洗澡、喂孩子饭、换尿布、哄孩子睡觉等，每一件事情做起来都需要时间和精力。

在教师家庭，由于教师工作忙碌，家务问题就显得更为严重一些，处理不当就会导致夫妻冲突。所以，教师回家后一定要放下工作，回归到家庭角色，与配偶共同分担家务，关心配偶的情感体验、与配偶充分交流，有了这些做基础，才能谈得上在事业方面相互支持与帮助。

（二）以商量的语气与配偶沟通

由于教师工作的性质，教师形成了一定的说话风格。但是，有些教师回到家庭以后，不自觉地把在学校的说话风格带回到家里来，有的是命令式的，强硬而不容置疑，没有商量的空间；有的即使听起来温柔，但骨子里却依然透露出强硬的本质，这使得家庭生活受到极大的影响。

教师要明白，夫妻双方是家庭的共同支柱，配偶也是成年人，也有决定权，家里的大小事情，都应由双方协商解决，要以商量的语气与配偶沟通、协商。

（三）以关心的方式与配偶交流

在妻子或丈夫下班后，向对方问一声"累不累""喝茶吗"，或者递上一个苹果、一个梨子等，丈夫或妻子自然会感受到一股暖流涌上心头。

在教师家庭，夫妻互相关心不仅表现在一杯茶或一个苹果上，更需要多创造一些在一起的机会，多多交流。因此，教师回到家庭就要把工作放下来，把心解放出来，回归到配偶角色，夫妻一起嗅一嗅阳光、听一听鸟鸣、煮一壶咖啡、共读一本好书等，"共享快乐生活，共同体验人生"。

如此休闲共度，能够解除体力疲劳，恢复生理平衡；如此精神慰藉，家人成为人生益友，家庭成为心灵驿站，从而提升教师家庭生活的幸福感。

三、教师家庭中的亲子礼仪

曾经有一次，鲁迅先生在家中宴客，儿子海婴同席。在吃鱼圆时，客人均说新鲜可口。唯海婴说："妈妈，鱼圆是酸的！"以为孩子胡说乱闹的妈妈便责备了几句，孩子老大不高兴。鲁迅听后，便把海婴咬过的那只鱼圆尝了尝，果然不怎么新鲜，便颇有感慨地说："孩子说不新鲜，我们不加以查看，就抹杀是不对的，看来我们也得尊重孩子说的话啊！"[1]

孩子要孝顺父母，父母也要尊重孩子，即父母与孩子交往也要遵循礼仪，这样不仅有利于处理好亲子关系，还能对孩子起到示范和教育作用。

1　名人关于尊重他人的故事[Z]. http://www.jxgzsz.com/jweb/ReadNews.asp?NewsID=1692.

一般家庭，父母对待孩子的礼仪应该注意哪些细节？著名教育家马卡连柯的话对我们有很好的启示作用，他说："你们自身的行为在教育上具有决定意义。不要以为只有你们同儿童谈话，或教导儿童，吩咐儿童的时候，才教育着儿童。在你们生活的每一瞬间，甚至当你们不在家的时候都教育着儿童。你们怎样穿衣服，怎样跟别人谈话，怎样谈论其他的人，你们怎样表示欢欣和不快，怎样对待朋友和仇敌，怎样笑，怎样读报——所有这些对儿童都有很大的意义。你们态度神色上的一切转变，无形中都会影响儿童，不过你们没有注意到罢了。如果你们在家庭里粗野暴躁，夸张傲慢或酩酊醉酒，再坏一些，甚至侮辱母亲，那么你们已经大大地害了你们的儿童，你们已经对儿童教育得很坏了，而你们的不良行为将会产生最不幸的后果。父母对自己的要求，父母对自己家庭的尊敬，父母对自己一举一动的检点，这是首要的和基本的教育方法。"[1]

在教师家庭里，对待孩子礼仪的基本原则与其他家庭并没有区别，如关心孩子、尊重孩子、帮助孩子，对孩子严格而不苛求、关心而不溺爱、放手而不放任等。不同的是，在教师家庭，教师下班回家后容易以"教师身份"自居，误把孩子当学生待，这样会引起亲子关系紧张。因此，教师对待自己的子女应更加注意说话的语气与做事的分寸。

（一）以平等的语气与孩子交流

和一般家庭的孩子一样，教师家庭里的孩子并非人人聪明过人，但教师家长也会有"恨铁不成钢"的感慨，容易以权威的形象与孩子接触，严格要求，事无巨细，干预指点，希望自己的孩子能与班上优秀的孩子一样成绩好。这样做对孩子是不公平的。

正确做法应该是，父母放下教师架子，以平等的语气耐心地与孩子谈话，正确区分孩子与其他优秀学生的个性差别，分析孩子的特长与不足，发掘孩子的潜能，针对孩子的发展潜质和发展的可能性进行培养。切不可操之过急、拔苗助长。

（二）以宽容的心态与孩子沟通

和其他家庭里的孩子一样，教师家庭里的孩子也会犯一些过错，这时，当教师的家长由于受到在学校里长期扮演"教师角色"的影响，往往采用过多"说教"的方式教育孩子，这容易引起孩子的反感甚至抵触。

在这种情况下，父母应该忘掉自己的教师身份，以宽容的心态对待孩子，多给自己的孩子一些鼓励、欣赏，看到孩子与众不同的优点，看到孩子的点滴进步，给予肯定和耐心的引导，增强孩子的自信，让孩子积极、健康、快乐地成长。

1　李镇西．做最好的家长[Z]．http://www.kerxi.com/show.asp?id=3603．

（三）以朋友的身份与孩子相处

贪玩是所有孩子的天性，身为教师的家长回到家里，不能一味地给孩子增加学习任务，而应该尽可能地放下手中的工作，抽出时间和精力来陪伴孩子，把孩子当作朋友来对待。

例如，早餐时间和孩子坐在一起，一边进餐一边分享些愉快的话题，协助孩子收拾今天要用到的东西；晚上陪孩子一起做一些他喜欢的活动，如阅读、看电视、玩电子游戏、听音乐、画画等。

平常，当孩子问你问题、跟你说话或请求你给予帮助时，你可停下手里正在做的事，花时间倾听他的讲述，满足他的要求。日常生活中还可以请孩子来一起做家务，也可以主动参与孩子的游戏和活动。

节假日，找机会带孩子外出散步、野餐、宿营、骑自行车、购物、娱乐、烹饪和参观，在这些活动中体验和分享快乐。

关注孩子的生日、节日和取得成绩的时刻，如参加比赛、作品获奖、得到老师表扬、会复述故事等，时刻为这些准备好适当的奖励。[1]

参与孩子的活动，态度要真诚，要全身心投入、积极倾听，以充满理解和关切的目光，让孩子感到亲切和温暖。为孩子付出多了，留下的美好记忆自然就能沉淀在他的生命中，就能给他的成长带来积极动力。

总之，教师的工作性质、工作特点决定了教师职业的忙碌与奉献特征。但是，作为普通家庭中的一员，教师也要承担为人子女、为人父母、为人夫为人妻的角色。所以，教师回到家庭，要把时间还给家庭，把爱还给家人，与家人共度美好时光。

本章小结

每个人都要经常参与各种社会交往活动。在社会生活中，每个人都应该遵循社交礼仪。作为社会的一员，教师在工作场所之外，也要在社会生活中遵循社交礼仪。在公共场合中，与他人会面要遵循礼仪；在家庭生活中，也要遵循礼仪，处理好夫妻关系、亲子关系。教师是有修养的文明人，要在一般的社交礼仪基础上，凸显文化修养，体现独特气质，引领社会文明。

---

1 李红. 在"共度时光"中与孩子分享快乐［M］. 家庭教育，2003（8）：83.

总结 >

Aa 关键术语 ::

| 见面礼仪 | 拜访礼仪 | 餐饮礼仪 |
| Meeting Etiquette | Visiting Etiquette | Dining Etiquette |

🔗 章节链接 :::

参照第一章、第二章进行学习。

应用 >

✎ 批判性思考 :::

1. 服装与时尚。作为教师，讲究着装端庄得体，但爱美之心人皆有之，教师能追求时尚吗？

2. 规范与禁忌。对教师语言的要求是静雅、斯文，但在一些联欢的场合，也需要有奔放的激情，这矛盾吗？

3. 所生与所教。"自己的孩子必须给别人教"，这是很多教师的共识，甚至不少桃李满天下的优秀教师，在教育自己的子女时也束手无策。果真如此吗？

✐ 体验练习 :::

1. 假如一位中学校长下楼，在楼梯狭窄的过道上，碰上邻居家保姆抱着孩子上楼。保姆一看是校长，就要退回去让路。你觉得校长应该怎么做？

2. 在一次学术研讨会的闭幕式上，80岁高龄的金庸先生到场为40多位教师代表赠书。当时，金庸先生站在台上，教师代表坐在台下，按点名顺序一一上台受书。教师代表们应该从容稳健地走上台呢，还是一路小跑上台呢？

3. 一个周六的上午，李老师临时出席一个会议，会议正在热烈地进行着，他的妻子（也是一名中学教师）突然发来一条短信："孩子的练习本放哪儿了？"但是，李老师一下子也想不起练习本放在哪儿了。此时，他应该怎样回复妻子的短信呢？

4. 古人握手是表明我没有武器，喝酒前碰杯是让对方杯中的酒溅一点到自己的杯子里来，表示酒里没有毒。今天，我们在生活中仍然沿袭这些仪式，意义有何不同？

🔍 案例研究 ||||||||||||||||||||||||||||||||||||||||||||||||||||||||||||||||||||||||||||||||||||||

以《教师之家》为题，自编、自导、自演一出短剧，反映教师家庭礼仪的一个侧面。

1．学生自愿分组。

2．本组编导、出演对其他小组的编导及出演进行内容上的评判。

3．讨论教师家庭面临的主要问题及原因。

📝 教学一线纪事 ||||||||||||||||||||||||||||||||||||||||||||||||||||||||||||||||||||||||||||||||

为什么学礼

一位教师在课堂上讲授礼仪，一位学生站起来说：老师，我来自农村，我的身上具有淳朴善良的品质，不需要学习这些形式上的东西。如果你是那位教师，你怎么回答这个同学。

拓展 >

☕ 补充读物 |||||||||||||||||||||||||||||||||||||||||||||||||||||||||||||||||||||||||||||||||||||||||

1　金正昆．教师礼仪规范（第二版）．北京：中国人民大学出版社，2014．

　　本书是教育部人文社会科学研究2007年度规划基金项目的成果之一，由著名礼仪专家金正昆教授主编，其有关应用礼仪、交往艺术与有效沟通的研究，目前在国内处于前沿位置。本书第六章较为全面地介绍了教师在工作岗位之外的交际应酬活动中应注意的礼节，主要包括会面礼节、拜访礼节、集会礼节、交通礼节、名片礼节等，有助于我们更为全面地了解教师交际应酬的法则，掌握交际技巧，以便在公共场合循礼而为，从而提升教师素质、塑造教师形象。

2　张岩松，罗建华．社交与家庭礼仪．北京：北京大学出版社，2010．

　　本书是国家级精品课程——现代交际礼仪课程教学成果的结晶。其教学内容是根据社交与家庭礼仪涉及的具体礼仪规范确定的，包括家庭生活礼仪、日常交际礼仪、公共生活礼仪、交际活动礼仪等，其特点是突出技能训练，让我们在做中学，学中做，学做结合，以牢固掌握各项社交与家庭礼仪规范，从而提高我们的家庭、社会交往能力，提升我们的文明素质。

💻 在线学习资源

袁涤非．现代礼仪公开课．http://www.icourses.cn/viewVCourse.action?courseId=c90fe3c3-1332-1000-9af0-4876d02411f6

参考文献

1. 朱熹. 四书章句集注 [M]. 北京: 中华书局, 2013.

2. 李兴国, 田亚丽. 教师礼仪 [M]. 上海: 华东师范大学出版社, 2006.

3. 李黎, 吕鸿. 师德与教师礼仪 [M]. 北京: 高等教育出版社, 2011.

4. 刘维俭, 王传金. 现代教师礼仪教程 [M]. 南京: 南京师范大学出版社, 2006.

5. 金正昆. 教师礼仪概论 (教育部人才培养模式改革和开放教育试点教材) [M]. 北京: 北京大学出版社, 2007.

6. 蒋纯焦. 中国传统教师文化趣探 [M]. 上海: 上海人民出版社, 2012.

7. 姜晓敏. 人际沟通与礼仪·教师手册 [M]. 上海: 华东师范大学出版社, 2007.

8. 斯霞. 我的教学生涯 [M]. 上海: 上海人民出版社, 1982.

9. 张铁道, 苏学恕. 孩子心目中的好老师 [M]. 上海: 华东师范大学出版社, 2012.

10. 张岩松. 社交与家庭礼仪 [M]. 北京: 北京大学出版社, 2010.

11. 徐德明. 民间禁忌 [M]. 广州: 广东教育出版社, 2003.

12. [苏联] B.A.苏霍姆林斯基. 给教师的建议 [M]. 杜殿坤, 译. 北京: 教育科学出版, 1984.

13. [美] 丹·克莱门特·劳蒂. 学校教师的社会学研究 [M]. 绕从满, 等译. 北京: 人民教育出版社, 2011.

14. [德] 诺贝特·埃利亚斯. 文明的进程 [M]. 王佩莉, 译. 北京: 生活·读书·新知三联书店, 1998.

15. [日] 新渡户稻造. 修养 [M]. 王成, 陈瑜, 译. 北京: 中央编译出版社, 2012.

16. [澳] 露辛达·霍德夫斯. 礼貌的力量 [M]. 王贤平, 译. 北京: 中信出版社, 2010.

17. 张宁娟. 中西教师文化的历史演变 [J]. 教师教育研究, 2006 (3).

18. 阮成武. 论传统教师形象的现代重塑 [J]. 教育科学研究, 2003 (1).

关键术语表

第1章

礼仪	Etiquette	即依礼而行的言语行为方式，通常表现在仪容、仪表、仪式等方面。
修养	Civilization	是个人在自觉的修身活动中涵养形成的内在品格与自我提升的能力。
礼貌	Courtesy	礼貌和礼仪一样，也是由人际关系中产生的，是因对他人的尊敬态度而衍生出的相应的言语与行为。
禁忌	Taboo	是人们为了避免某种臆想的超自然力量或危险事物所带来的灾祸，从而对某种人、物、言、行的限制或自我回避。
教养	Cultured	教养表达的是个人背后的家庭或其他教育力量的成果。

第2章

教师形象	Image of Teachers	教师形象是社会对教师角色的整体期待，以及教师自身角色行为的外化与表征，是一定历史条件和文化背景下，人们对于教师这一职业的职能、特点、行为所形成的一种较为稳固而概括的总体评价与整体印象，既反映出教师职业的固有特征和本性，也具有一定的文化性和时代性。
师道尊严	Dignity of Teachers	出自《礼记·学记》"凡学之道，严师为难。师严然后道尊，道尊然后民知敬学"。原意是指老师受到尊敬，他所传授的道理、知识、技能才能得到尊重。师道尊严是中国传统文化中尊师重教的一个基本表达，是维护传统教师形象的一个基本理念。

第3章

重要他人	Significant Others	是社会学和心理学都关注的概念，指在个体社会化以及心理人格形成的过程中具有重要影响的具体人物。根据影响向度，重要他人可分为偶像式重要他人和互动式重要他人，单向度影响为偶像式重要他人，双向相互影响为互动式重要他人。

续表

第4章

教师同事关系	Relationship of Teachers Colleagues	教师同事关系即教师在日常生活、教学、研究和学习过程中信任、公开、支持和合作的关系。
语言礼仪	Language Etiquette	指以和气、文雅、谦逊，并能给人以尊重、温暖、愉悦、鼓舞的言语与人交往，它能显示出一个人强烈的道德感和高尚的思想情操。
办公室服饰礼仪	Office Dressing Etiquette	在办公室活动、交往过程中为表示相互尊重与友好，达到交往和谐而体现在服装修饰上的一种行为规范。

第5章

家访	Follow-up Visit	是教师为了和学生家长交流学生在学校和家庭中的表现，争取家长配合学校教育，形成共同教育学生的合力，而向家长提供家教咨询和进行信息交流的活动。
面对面家访	Face to Face Visits	为解决个别学生的某个教育问题，教师到学生家中与家长交换意见或学生家长到学校与老师进行教育咨询的交流活动。
非面对面家访	Non-met Visits	为避免家庭住址范围的扩大和人们生活节奏加快给教师和家长交流带来的不便，借助信息技术，例如电话、"家校通"、QQ、电子邮件、微信等现代的家校沟通形式，进行家校信息交流的活动。
家长会	Parents' Meeting	教师与家长互动沟通最为普遍的一种形式，通常情况下是由学校或教师所发起的，面向学生家长，有时也包括学生自身，教师主持、交流、互动，形成一种介绍性的会议或活动。

第6章

见面礼仪	Meeting Etiquette	在本文中，指教师在见面场合应遵守的交往规范及应体现的气质形象，其基本内容包括称呼、问候、介绍、握手等见面环节的礼仪。
拜访礼仪	Visiting Etiquette	在本文中，指教师在拜访场合应遵守的交往规范，主要包括做客之礼和待客之礼，做客时应讲究有约在先、如约而至、愉快交谈、适时告退等礼仪，待客时则应细心安排、用心接待等。
餐饮礼仪	Dining Etiquette	在本文中，指教师在用餐场合应遵守的交往规范，主要包括用餐前、用餐中和用餐后的礼仪，如用餐前赴约要守时、用餐过程中举止要端正得体、用餐后不要急于告退等。

后 记

《教师礼仪与修养》一书终于完成。

本书是由五所师范大学的同人共同完成的。他们是：北京师范大学教授郭华（导论、第一章），北京师范大学博士、讲师袁丽（第二章），沈阳师范大学教授周润智以及研究生高茜（第三章），曲阜师范大学副教授雷传平（第四章），辽宁师范大学教授朱宁波以及研究生袁媛、谭利佳（第五章），贺州学院副教授付煜（第六章）。全书的统稿工作由北京师范大学郭华教授完成。

写作过程中，经历了若干次的反复讨论与修改，每个人都在不断琢磨中尽可能使书稿完善，但研究和写作始终是一个未尽的过程，本书也只是从教育学的角度来研究教师礼仪与修养的一个开端，希望在以后的研究中能够更加完善。

感谢北京师范大学出版社的编辑李志，如果不是他隔三岔五几经催促，我们可能会以"完善"为借口无止境地拖稿。交稿之际，由衷地感谢！

感谢"教师教育精品教材"，使我们能参与其中，为教师教育事业贡献微薄的力量。

郭华

2015年1月